これ一冊で仕事のすべてがわかる！

日本で
働くための本

ー就活生から社会人までー

羽鳥 美有紀

ask

はじめに

　この本は、日本の企業文化の理解を深めるとともに、ビジネス場面で求められる日本語表現やビジネスマナー、日本のしきたりなどを幅広く学ぶことができます。そのため、日本語を母語としない学習者だけではなく、就職したばかりの日本語母語話者など、日本で働きたいすべての人を対象としています。

　日本で働くうえで、日本語能力はもちろん大切ですが、日本語ができれば仕事ができるということではありません。日本の企業の歴史は世界でもトップクラスです。創業100年以上の企業がたくさんあり、そこには企業が培ってきた文化やしきたりがあります。そのような文化を理解することも働くうえでは大切なことなのです。

　また、日本で就職を希望する外国人留学生の中には、ビジネスマナーへの苦手意識を持っている人もいると思います。ビジネスマナーが最初から完璧に身についている人はいません。何度も実践を重ねて身につけていくものです。ですから、本書内で学んだことは、知識だけにとどめておくのではなく、ぜひ実践練習をしてみてください。理解することと、身につけることは違います。ビジネスマナーは、お互いに気持ちよく仕事をするための心配りや思いやりです。なぜこのマナーが必要なのか、その背景をきちんと理解することが大切です。

　現在のグローバル社会では、異なる文化背景を持つ人が一緒に仕事をすることが当たり前になりました。世界にはさまざまな文化があり、当然価値観も異なります。しかし、そのことに気づく機会は意外と少ないのかもしれません。ぜひ、ディスカッションを通して、さまざまな価値観に触れてください。そして、異なる価値観の中で自分がどう対応していくのか、相手とどう関係を作っていくのか、ぜひ考えてみてください。それが異文化調整能力の向上につながります。

　この本は、あくまでも一般的な日本のビジネスマナーや慣習を紹介しているものであり、決してそれらを押しつけているわけではありません。会社や仕事の内容によっても、マナーや考え方はさまざまです。また、言葉や文化も常に変化し続けています。常に、ステレオタイプにならず、みんなが共生できる社会を目指していきましょう。

　最後に、本書の執筆に当たり多大なご協力をいただいた城西国際大学、そして市山マリアしげみ教授をはじめ語学教育センターのみなさまに心からお礼申し上げます。
　また、本書の企画、編集、校正などを担当し、ご尽力くださった、アスク出版の和田理沙さんに心から感謝いたします。

羽鳥 美有紀

本書の使い方

導入
これから学ぶことに関係した問いです。自分だったらどうするのか、どう思うのかを考えます。学習を進めていくなかで答えがわかるようになっています。

本文
なぜこのテーマを学ぶのか、学ぶとどんなことがわかるのかが書かれています。具体的な説明を読む前に、大まかなイメージをつかむことが目的です。大切な部分はマーカー、ポイントとなる部分は下線、接続詞は 青枠 となっています。**太字になっている言葉**は、巻末の「語彙リスト」に翻訳が載っています。

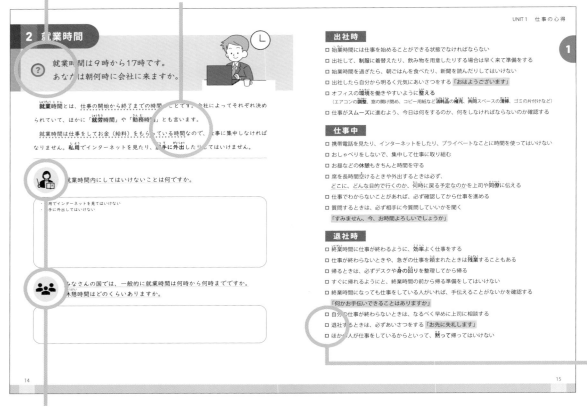

2　就業時間

就業時間は9時から17時です。
あなたは朝何時に会社に来ますか。

就業時間とは、仕事の開始から終了までの時間のことです。会社によってそれぞれ決められていて、ほかに「就労時間」や「勤務時」とも言います。
就業時間は仕事をしてお金（給料）をもらっている時間なので、仕事に集中しなければなりません。私用でインターネットを見たり、勝手に外出したりしてはいけません。

就業時間内にしてはいけないことは何ですか。

- 用でインターネットを見てはいけない
- 手に外出してはいけない

なさんの国では、一般的に就業時間は何時から何時までですか。
休憩時間はどのくらいありますか。

出社時
- 始業時間には仕事を始めることができる状態でなければならない
- 出社して、制服に着替えたり、飲み物を用意したりする場合は早く来て準備をする
- 始業時間を過ぎたら、朝ごはんを食べたり、新聞を読んだりしてはいけない
- 出社したら自分から明るく元気にあいさつをする「おはようございます」
- オフィスの環境を働きやすいように整える
  （エアコンの調整、窓の開け閉め、コピー用紙など消耗品の補充、共同スペースの清掃、ゴミの片付けなど）
- 仕事がスムーズに進むように、今日は何をするのか、何をしなければならないのか確認する

仕事中
- 携帯電話を見たり、インターネットをしたり、プライベートなことに時間を使ってはいけない
- おしゃべりをしないで、集中して仕事に取り組む
- お昼などの休憩もきちんと時間を守る
- 席を長時間空けるときや外出するときは必ず、どこに、どんな目的で行くのか、何時に戻る予定なのかを上司や同僚に伝える
- 仕事でわからないことがあれば、必ず確認してから仕事を進める
- 質問するときは、必ず相手に今質問していいかを聞く
  「すみません、今、お時間よろしいでしょうか」

退社時
- 終業時間に仕事が終わるように、効率よく仕事をする
- 仕事が終わらないときや、急ぎの仕事を頼まれたときは残業することもある
- 帰るときは、必ずデスクや身の回りを整理してから帰る
- すぐに帰れるように、終業時間の前から帰る準備をしてはいけない
- 終業時間になっても仕事をしている人がいれば、手伝えることがないかを確認する
  「何かお手伝いできることはありますか」
- 自分の仕事が終わらないときは、なるべく早めに上司に相談する
- 退社するときは、必ずあいさつをする「お先に失礼します」
- ほかの人が仕事をしているからといって、黙って帰ってはいけない

14

15

考えよう

　この問いに向き合うことで、自分の考えや価値観を改めて知ることができます。

　この問題を実践することで、自分の「できる・できない」がはっきりとわかります。できるようになるまで練習を繰り返しましょう。

実践しよう

　テーマへの理解を深めたり、知識を増やしたりすることが目的です。

調べよう

　ディスカッションを通して、ほかの人の考えや異なる価値観があることを知り、自分の考えが当たり前ではないということに気づくことが大切です。

事例から考える

実際にビジネス場面で起こりうる問題点を取り上げた内容となっています。内容の理解が目的ではなく、自分がその状況に置かれたらどうするのかを考え、問題点に気づくことが大切です。考えてもらいたいポイントはP.184に記載しています。

確認クイズ

各UNITの最後に確認クイズがあります。設問1は、理解できているかどうかを確認する問題です。そして、設問2は応用や発展問題です。また実践問題も含まれていますので、できない部分は必ず本文の内容に戻り、確認をしましょう。

事例から考える

「メールしましたけど。」

　私はニャットです。ベトナム出身で、今年の春、希望していた会社に入りました。これまで、ベトナムでも日本でもアルバイトをしたことがなかったので、働くのは初めてです。最初は**不安**でしたが、新人**研修**で上司がていねいに仕事のことを教えてくれたので、不安な気持ちはすぐになくなりました。研修のあとは、**OJT**でした。新入社員一人に対して、先輩が一人ついてくれるので、わからないことがあったらすぐに聞くことができました。今はようやく仕事にも**慣れ**ました。

　ある日、電車で通勤していると、**台風**の影響で電車が止まってしまいました。あと2駅で着くところだったのですが、すぐにまた動くだろうと思い、そのまま電車に乗っていました。勤務開始時間は10時です。今動いても10時には間に合わないと思い、OJTで仲良くなった先輩にSNSで連絡しました。これまでも、仕事でわからないことや、相談するときはSNSを使っていました。連絡すれば大丈夫だと思い、そのまま待っていました。ようやく電車が動いたのは10時すぎでした。

　遅れて出社すると、上司に呼ばれました。そして、「なぜ連絡をきちんとしないのか」と注意されてしまいました。私は、先輩にSNSで連絡したので、そのことを上司に言いましたが、「そんなのは聞いていない」と言われました。連絡をした先輩は、すでに**営業**のため外出していました。勤務開始時間の前に連絡をしたし、自分が**原因**で遅れたわけではないのに、朝から嫌な気持ちになりました。

1　ここでの問題は何でしょうか。

2　あなたがニャットさんだったらどのように対応しますか。

確認クイズ

1　正しいものには〇、正しくないものには×をつけましょう。

1　＿＿　学生と社会人では、立場や責任の大きさなどが大きく異なる。
2　＿＿　社会人になって遅刻しても、周りに迷惑をかけなければ問題ない。
3　＿＿　仕事を休まないよう、常に運動をしたり、生活習慣を正したりするように自己管理を徹底することが大切である。
4　＿＿　会社にあるコピー機は無料なので、たくさん印刷してもよい。
5　＿＿　勤務開始時間が10時の場合、10時に会社に着けばよい。
6　＿＿　退社するとき、他の人はまだ仕事をしていたので、何も言わず静かに帰った。
7　＿＿　残業をするときは、上司に確認をとってから残業する。
8　＿＿　上司から残業を頼まれたときは、命令なので断ることはできない。
9　＿＿　人身事故で電車が遅れたが、自分のせいではないのでの遅れても謝罪はしなかった。
10　＿＿　熱があったので、仕事を休むという電話連絡を母にしてもらった。

2　次の問いに答えましょう。

1　日本で仕事をするうえで、気をつけなければならないことは何ですか。次の項目ごとに考えましょう。

●出社するまで

●出社してから

●退社するとき

2　仕事に対する考えを、自分の国と比較してみましょう。

20　　　21

チェックボックス

使い方は自由です。理解できたところや学習が終わったところ、あとで確認するところなど、自分なりのルールを決めてチェックするといいでしょう。

UNIT

各課のテーマにそってUNITが構成されています。学びたいUNITから始めることができます。

コラム

UNITに関連する読み物となっています。

目 次

第1章　社会人としての心構え

第2章　ビジネスマナー

第3章　仕事の基本

第4章　異文化理解

第5章　就職

Table of Contents／目录

ダウンロードコンテンツのご案内

本書をご購入いただいたみなさまにさらに便利に使っていただくために、語彙リストの翻訳や教案作りのヒントになるコンテンツを配付しております。

下記サイトよりダウンロードください。

https://www.ask-books.com/jp/nihondehataraku/

※株式会社アスク出版『日本で働くための本』公式ページ

第1章
社会人としての心構え

UNIT1　仕事の心得
UNIT2　仕事中の態度
UNIT3　仕事の進め方
UNIT4　人間関係

1 学生と社会人との違い

? 学生と社会人は何が違いますか。
考えてみましょう。

　学生と社会人とでは、大きく**立場**が**異なり**ます。学生は授業料を払って学ぶ、**いわゆる**「お客さま」です。しかし、社会人になるとお給料をもらって「社会に**貢献**する立場」になります。当然お金をもらうわけですから、会社の**利益**のために仕事をします。立場が異なると、**責任**の大きさも変わってきます。学生のころは、レポートを出し忘れたり、授業を欠席したりしても自分の責任です。しかし社会人は、その会社の一員として見られますから、何か問題があれば会社の責任になります。そして責任の大きさだけではなく、時間の**管理**や人間関係、**評価**のされ方なども異なります。右の表を参考に、学生と社会人の違いについて、考えてみましょう。

 これまでアルバイトなど、仕事をしたことがありますか。
仕事をしていて、大変だったことはどんなことですか。

社会人に必要な要素

1

☐ 時間と期限を守る
　　時間厳守は働くうえでの基本
　　期限を守らないと、次の仕事や作業に大きな影響を与える

☐ 自己管理をする
　　健康であることが一番大切
　　仕事を休んだり、体調が悪くて仕事に集中できないということがないようにする

☐ コストを意識する
　　コピー用紙や電話代などすべて会社の経費
　　紙1枚もむだにしないという意識をみんなが持つことで会社の経費削減につながる

学生と社会人

下記の表の「社会人」の項目を考えてみましょう。

学生		社会人
お客さま	**立場**	
●自分で自由に管理ができる ●授業を休んでも自己責任 　➡ほかの人に迷惑がかからない	**時間の管理**	
●自分で選ぶことができる 　➡好きな人とだけ 　　つき合うことができる ●同年代が多い	**人間関係**	
●テストやレポートなどで 　評価をされる ●評価をする人は「先生」	**評価のされ方**	

2 就業時間

就業時間は9時から17時です。
あなたは朝何時に会社に来ますか。

就業時間（しゅうぎょうじかん）とは、仕事の開始から終了までの時間のことです。会社によってそれぞれ決められていて、ほかに「就労（しゅうろう）時間」や「勤務（きんむ）時間」とも言います。

就業時間は仕事をしてお金（給料）をもらっている時間なので、仕事に集中しなければなりません。私用（しよう）でインターネットを見たり、勝手（かって）に外出（がいしゅつ）したりしてはいけません。

就業時間内にしてはいけないことは何ですか。

・私用でインターネットを見てはいけない
・勝手に外出してはいけない

みなさんの国では、一般的に就業時間は何時から何時までですか。
休憩（きゅうけい）時間はどのくらいありますか。

出社時

- □ 始業時間には仕事を始めることができる状態でなければならない
- □ 出社して、**制服**に着替えたり、飲み物を用意したりする場合は早く来て準備をする
- □ 始業時間を過ぎたら、朝ごはんを食べたり、新聞を読んだりしてはいけない
- □ 出社したら自分から明るく元気にあいさつをする「おはようございます」
- □ オフィスの**環境**を働きやすいように**整える**
  （エアコンの**調整**、窓の開け閉め、コピー用紙など**消耗品の補充**、**共同**スペースの**清掃**、ゴミの片付けなど）
- □ 仕事が**スムーズ**に進むよう、今日は何をするのか、何をしなければならないのか確認する

仕事中

- □ 携帯電話を見たり、インターネットをしたり、プライベートなことに時間を使ってはいけない
- □ おしゃべりをしないで、集中して仕事に取り組む
- □ お昼などの**休憩**もきちんと時間を守る
- □ 席を長時間空けるときや外出するときは必ず、
  どこに、どんな目的で行くのか、何時に戻る予定なのかを上司や**同僚**に伝える
- □ 仕事でわからないことがあれば、必ず確認してから仕事を進める
- □ 質問するときは、必ず相手に今質問していいかを聞く
  「すみません、今、お時間よろしいでしょうか」

退社時

- □ 終業時間に仕事が終わるように、**効率**よく仕事をする
- □ 仕事が終わらないときや、急ぎの仕事を頼まれたときは**残業**することもある
- □ 帰るときは、必ずデスクや**身の回り**を整理してから帰る
- □ すぐに帰れるようにと、終業時間の前から帰る準備をしてはいけない
- □ 終業時間になっても仕事をしている人がいれば、手伝えることがないかを確認する
  「何かお手伝いできることはありますか」
- □ 自分の仕事が終わらないときは、なるべく早めに上司に相談する
- □ 退社するときは、必ずあいさつをする「お先に失礼します」
- □ ほかの人が仕事をしているからといって、**黙って**帰ってはいけない

残業

- □ なるべく残業をしないよう、効率よく、集中して仕事を進めていく
- □ 仕事の量が多いと感じたときや、自分のスキルでは限界があると感じたときは、早めに上司や先輩に相談する

【残業をするとき】

- □ 上司に仕事がどこまで終わっているのか、あとどのくらい時間がかかるのかなどを報告する
  報告したあと、残業をすることを伝え許可をとる

【残業を頼まれたとき】

- □ 残業ができるのであれば協力する
- □ 残業できる時間が限られている場合は必ず伝える

  「〜時までなら残業できます」

- □ どうしても残業できないときは、代案を出す

  「申し訳ございません、明日の朝なら早く出社してお手伝いできるのですが…」

  「申し訳ございません、明日なら残業できますがいかがでしょうか」

> 残業をすると、会社は残業代を支払わなければなりません。そのため、上司も部下の仕事を把握する必要があります。

役職

　会社には必ず役職<ruby>役職<rt>やくしょく</rt></ruby>があります。役職とは、会社における役割や序列<ruby>序列<rt>じょれつ</rt></ruby>を表した呼び名のことです。ただし、同じ役職名でも、会社によって役割や責任などが異なることがあります。一般的に以下のような役職となっていますので、それぞれの読み方と役割を確認しましょう。

役職	読み方	役割（どんな仕事をしているか）
会長		
社長		
副社長		
専務		社長の補佐に特化する役員、会社経営を含めて業務全般を管理する
常務		社長の補佐をする役員、日常的な業務における経営判断をする
部長		
次長		部長を補佐する役職
課長		
係長		課長を補佐する役職、現場での監督的役割を担う
主任		

3　遅刻・早退・欠勤

? 人身事故のため電車が遅れています。
このままでは、始業時間に間に合いません。
どうしたらいいですか。

　仕事で**遅刻**（ちこく）、**早退**（そうたい）、**欠勤**（けっきん）をすると、同僚や上司、お客さまに迷惑をかけてしまいます。学生とは違い、自分だけの問題ではありませんので、まずは遅刻、早退、欠勤をしないことが基本です。 しかし 、どうしても遅刻、早退、欠勤をしてしまう場合は、すぐに連絡をし、理由を伝えて上司の許可を得ましょう。仕事を**引き継ぐ**（ひきつぐ）などして、なるべく迷惑がかからないように対応することが大切です。 また 、連絡するときは、必ず電話で連絡をしましょう。メールで連絡をしてもすぐに相手が確認してくれるかわかりません。

 仕事を休まないようにするには、毎日の体調管理が大切です。
どんなことに気をつければいいですか。

・きちんと睡眠をとる

1

遅刻

- ☐ 始業開始前までには必ず連絡する
- ☐ 上司が**不在**で同僚に伝えた場合でも、時間をおいて**再度**上司に連絡する
- ☐ 遅刻の理由を**正直**に言う

  「大変申し訳ございません。**寝坊**してしまって、20分ほど遅刻します」

- ☐ どのくらい遅刻をするのか時間を伝える

  「大変申し訳ございません。今○○駅ですが、人身事故で電車が遅れています。

  15分後には会社に着くと思います」

- ☐ **交通機関**のトラブルで遅れる場合は、**遅延証明書**を受け取る
- ☐ 1分でも遅刻は遅刻、時間をしっかり守る

遅延証明書

電車の路線によっては、HP上から遅延証明書をダウンロードすることができます。

早退

- ☐ **事前**に早退がわかっている場合は、**前**もって理由を伝えて許可をとる
- ☐ 急に早退しなければならないときは、すぐに上司に理由を伝え許可をとる

  「大変申し訳ございませんが、母が倒れたので早退させていただきます」

- ☐ 仕事に**影響**がないように、きちんと引き継ぎをし、そのことを上司に報告する
- ☐ 上司がいない場合は、同僚に伝え、あとで上司に連絡する

欠勤

- ☐ 事前に欠勤がわかっている場合は、前もって理由を伝えて許可をとる
- ☐ 急に欠勤しなければならないときは、始業開始前までに上司に理由を伝えて許可をとる

  「大変申し訳ございませんが、熱があるので今日は休ませていただきます」

- ☐ その日の**業務**内容を上司に伝え、同僚に引き継ぐのか、ほかに対応が必要なのかを相談する
- ☐ **具合が悪い**場合でも、家族や友達に電話をしてもらったりせず、必ず自分で連絡する

事例から考える

「メールしましたけど」

　私はニャットです。ベトナム出身で、今年の春、希望していた会社に入りました。これまで、ベトナムでも日本でもアルバイトをしたことがなかったので、働くのは初めてです。最初は**不安**でしたが、新人**研修**で上司がていねいに仕事のことを教えてくれたので、不安な気持ちはすぐになくなりました。研修のあとは、**OJT**でした。新入社員一人に対して、先輩が一人ついてくれるので、わからないことがあったらすぐに聞くことができました。今はようやく仕事にも**慣れ**ました。

　ある日、電車で通勤していると、**台風**の影響で電車が止まってしまいました。あと２駅で着くところだったのですが、すぐにまた動くだろうと思い、そのまま電車に乗っていました。勤務開始時間は10時です。今動いても10時には**間に合わない**と思い、OJTで仲良くなった先輩にSNSで連絡しました。これまでも、仕事でわからないことや、相談するときはSNSを使っていました。連絡すれば大丈夫だと思い、そのまま待っていました。ようやく電車が動いたのは10時すぎでした。

　遅れて出社すると、上司に呼ばれました。そして、「なぜ連絡をきちんとしないのか」と注意されてしまいました。私は、先輩にSNSで連絡したので、そのことを上司に言いましたが、「そんなのは聞いていない」と言われました。連絡をした先輩は、すでに**営業**のため外出していました。勤務開始時間の前に連絡をしたし、自分が**原因**で遅れたわけではないのに、朝からいやな気持ちになりました。

1	ここでの問題は何でしょうか。

2	あなたがニャットさんだったらどのように対応しますか。

確認クイズ

1　正しいものには○、正しくないものには×をつけましょう。

1 ＿＿＿ 学生と社会人では、立場や責任の大きさなどが大きく異なる。

2 ＿＿＿ 社会人になって遅刻しても、周りに迷惑をかけなければ問題ない。

3 ＿＿＿ 仕事を休まないよう、常に運動をしたり、生活習慣を正したりするなど自己管理を徹底することが大切である。

4 ＿＿＿ 会社にあるコピー機は無料なので、たくさん印刷してもよい。

5 ＿＿＿ 勤務開始時間が10時の場合、10時に会社に着けばよい。

6 ＿＿＿ 退社するとき、ほかの人はまだ仕事をしていたので、何も言わず静かに帰った。

7 ＿＿＿ 残業をするときは、上司に確認をとってから残業をする。

8 ＿＿＿ 上司から残業を頼まれたときは、命令なので断ることはできない。

9 ＿＿＿ 人身事故で電車が遅れたが、自分のせいではないので遅れても謝罪はしなかった。

10 ＿＿＿ 熱があったので、仕事を休むという電話連絡を母にしてもらった。

2　次の問いに答えましょう。

1 日本で仕事をするうえで、気をつけなければならないことは何ですか。次の項目ごとに考えましょう。

●出社するまで

```

```

●出社してから

```

```

●退社するとき

```

```

2 仕事に対する考えを、自分の国と比較してみましょう。

4 話し方と聞き方

? いつも話をきちんと聞いていますが、
上司によく「話、聞いてる?」と言われます。
何で聞いていないように見えるのでしょうか。

　話し方は、話す内容よりも相手の**印象**に残ります。相手が聞き取りやすい速さや声の大きさで話すことが大切です。 また 、重要な部分を話す前に「**間**」を入れるなどすると、話に**強弱**がつき**効果的**です。話すときは、**専門用語**や**流行語**を使わないよう、**言葉遣い**にも気をつけましょう。

　相手の話を聞くときは、聞く**姿勢**がとても大切です。タイミングよく**アイコンタクト**をとったり、**あいづち**をうったり、**うなず**いたり、話を聞いているということを態度で**示し**ます。

お互いに向かい合って、話をしましょう。アイコンタクトをとったり、
あいづちをうったりして話を聞いてください。

●相手のアイコンタクトやあいづちは**心地**よかったですか。

```



```

●難しいなと感じたことは何ですか。

```



```

あいづち

- あいづちをうって、話を聞いているということを伝える
- 同じあいづちを連続（れんぞく）して使うと、まじめに話を聞いていないように見えたり、適当（てきとう）な返事に聞こえる
- 話の途中（とちゅう）であいづちをうつと話が途切（とぎ）れてしまうことがあるので、タイミングよくうつことが大切である

```
適当な返事とは？
「あー、はいはいはい」
「はいはい」
「なるほどですねー。
　あー…なるほど…」
```

【いろいろなあいづち】

- 話を聞いていることを伝える

  「ええ」 / 「はい」 / 「そうですか」

- ほめるとき

  「すごい！」 / 「いいですねー」 / 「さすがですね」

- 驚いたとき

  「それはすごいですね」 / 「本当ですか」

- 共感（きょうかん）や同意（どうい）をするとき

  「おっしゃるとおりです」 / 「私も同感です」

- その他

  「知りませんでした」 / 「なるほど」 / 「おかげさまで」

共感の示し方

- アイコンタクトをとり、最後までしっかりと話を聞く
- 相手の声の高さや、話す速さに合わせて話す
- 相手の言葉を繰（く）り返（かえ）す
  - （例）A：「昨日（きのう）の会議は反対意見（はんたいいけん）が多く出て、なかなかまとまらず本当に大変だったんだよ…」
  - 　　　B：「えー、会議、大変だったんですね…」
- 相手の表情（ひょうじょう）をまねる
  - ➡例えば悲しい話のときは、自分も悲しい顔をしてうなずいたり、あいづちをうったりする
- 相手の話に質問をする
  - ➡相手は自分の話に興味を持ってくれていると感じる

5 指示の受け方

? 上司から仕事の指示を受けましたが、指示の内容が多くて大変です。どのように対応すればいいですか。

　仕事は、**指示**を受けるところから始まります。指示の**仕方**は人によって違うので、指示を受けたときにわからないことがあれば、そのときに確認をすることが大切です。わからないまま自分の考えで仕事を進めてしまうと、求められている結果を出すことができません。まずは、指示の内容をきちんと**理解**し、指示通りに仕事を進め、終わったら必ず報告をしましょう。

　　　左の指示を聞いて、メモをとってみましょう。

【上司からの指示】
急なんだけど、明日出張に行くことになったから同行して。いつも取引しているA社の工場なんだけど、うちの会社の機械に不具合があったみたいで、修理するまで納品ができず、迷惑をかけたんだ。だから謝罪しに行くよ。手土産は新幹線に乗る前に駅で買っておいてくれる？あと、新幹線の切符は経理の山本さんに頼んでおいたからあとで受け取りに行って。午後2時に伺うことになってるけど、新幹線が遅れても間に合うように、少し早めに出よう。10時に駅の新幹線乗り場で待ち合わせることにしよう。

指示の受け方のポイント

☐ 上司に呼ばれたら、「はい」と返事をする

☐ 指示内容をメモできるように、メモとペンを持ってすぐに上司のところに向かう

☐ 指示内容を忘れないように、話を聞きながらメモをとる

☐ わからないことや、確認したいことは最後にまとめて聞く

☐ 最後に指示の**要点**を**復唱**して、自分の理解に間違いがないかを確認する

指示内容の確認ポイント「５Ｗ１Ｈ」

What　：何を（仕事の内容）

Why　：なぜ、何のために（仕事の目的）

Who　：だれと、だれに（担当者、関係者）

When　：いつ（**締め切り日**、締め切り時間、日程）

Where：どこへ、どこで（行き先、場所）

How　：どうやって（方法）

＊仕事の内容によっては、**H**ow much：いくらで（金額、**費用**）や、**H**ow many：いくつ（数量）も確認します。

締め切り日

締め切り日が５日だった場合、基本的には５日の業務時間内に提出しましょう。５日の２３：５９までということではありません。

6 依頼

先輩に「いつも私ばかりに頼まないで」と言われました。私は新入社員なので話しかけやすい先輩に聞いてしまいます。どうすればよかったのでしょうか。

　仕事をしていくなかで、小さなことから大きなことまで、だれかに何かをお願いするということが必ずあります。[まずは]、相手の**都合**をよく確認して**頼む**ことが大切です。できない仕事でも、すべてをお願いするのではなく、自分でできるところはないかをよく考え、できないところだけ相談し、お願いしましょう。自分の都合だけを考えてお願いしてはいけません。

　[また]、依頼されたことを断るときも、断り方に気をつけましょう。できないことはできないと断ることは必要ですが、ほかの日ならできるのか、一部分ならできるのかなど、自分にできることを提案することも大切です。仕事は、お願いをしたり、お願いをされたりと、みんなで協力して進めていきます。[そして]、依頼をするときや断るときはクッション言葉を使うといいでしょう（→P.48参照）。

これまで、何かを頼まれたときに、「いやだなぁー」と感じたことはありますか。ある場合、なぜいやだと感じましたか。

・急に頼まれて、期限まで十分な時間がなかった

依頼をするとき

1

- ☐ だれに依頼をするのかをよく考える
- ☐ 相手の都合を確認する
  - ➡都合が悪い場合はほかの人に依頼をするか、上司に相談をする
- ☐ 依頼する内容を要点から伝える
- ☐ 仕事の詳細は5W1Hを基本に伝える
- ☐ 依頼内容が伝わりやすいように資料やデータがあれば準備をしておく
- ☐ 相手が理解したか、不明点などないかを確認する
- ☐ 依頼をして終わるのではなく、そのあとも状況を確認する
  - ＊先輩や上司に依頼したときは、仕事の進み具合を確認すると信頼していないと思われてしまうことがあります。締め切りを過ぎても連絡や報告がないときは、状況を聞きに行きましょう

【依頼の表現】

- ☐ 相手の都合を確認する
  - 「今、お時間よろしいでしょうか」
  - 「お忙しいところ恐れ入りますが、少々お時間をいただけますか」
- ☐ 語尾を命令形ではなく依頼形にするとていねいな印象になる
  - 「こちらに記入してください」 → 「こちらにご記入いただけますか」

依頼を断るとき

- ☐ 相手の話を最後まで聞いてから断る
- ☐ 断りにくいからといってあいまいな返事をしない
- ☐ 断った理由ではなく、断ったということについて謝罪する
  - 「ご期待にそえず申し訳ございません」
- ☐ 何ができないのか、なぜできないのかをきちんと伝える
- ☐ 代わりにできることを提案する
  - 「大変申し訳ございません。来週以降でしたらお引き受けできるのですが…」

7 謝罪

? 取引先からクレームの電話がありました。
こちらが悪くないのに、どうして謝らなけれ
ばいけませんか。

　謝罪をする場面はさまざまです。謝罪の言葉も、「すみません」、「大変申し訳ございま
せん」、「ごめんなさい」などいろいろなものがあります。しかし、仕事をするうえでこ
のような言葉だけでは**不十分**です。「ご迷惑をおかけし、大変申し訳ございませんでした」
や「ご**要望**にそえず申し訳ございません」など、何についての謝罪なのかがわかるように、
一言付け加えましょう。そうすると、ていねいで、謝罪の気持ちが相手にしっかりと伝わ
ります。

　また、自分が悪くなくても謝罪することがあります。謝罪は、自分のミスを認めると
いうことだけではなく、相手にいやな思いをさせてしまったという**事実**や状況について、
申し訳ない気持ちを示すためにすることもあるのです。

 これまでクレームを受けたり、クレームをしたりしたことはありますか。
そのときの状況や相手の対応はどうでしたか。

仕事でミスをしたとき

- ☐ すぐに謝罪をして、どんなミスをしたのか、要点をまとめて報告する
- ☐ 問題解決のために、上司の指示をあおぐ
- ☐ ミスを隠したり、自分の判断でミスを**対処**したりしない
- ☐ **言い訳**をしたり、ほかの人のせいにしたりしない
- ☐ 今後同じミスをしないようにどうすればいいか、**具体的**な対処方法を考える

注意されたとき

- ☐ 謝罪する
- ☐ 相手の目を見て、あいづちをうちながら相手の話をしっかりと聴く
- ☐ 少し頭を下げて、**反省**しているという態度を見せる
- ☐ 今後どのように**改善**するのかを述べる
- ☐ 最後にもう一度謝罪して、同じことがないようにすることを伝える

【謝罪の表現例】

理由
寝坊して遅れてしまい
提出期限を過ぎてしまい
ご迷惑をおかけし
度重なる失礼

謝罪のことば	
大変 本当に **誠に**	申し訳ございません 申し訳ございませんでした
深く	お詫び申し上げます

今後の対応
今後二度とないよう気をつけます
今後**十分**注意いたします
今後このようなことを繰り返さないよう、十分注意いたします
今後このようなことがないよう、**周知徹底**いたします

29

「はい、できます!」

　私は李です。中国出身で、入社一年目です。希望の営業職について、毎日上司と一緒に営業先を訪問しています。

　先日上司から、「**売り上げ**を把握したいから、1ヶ月分の売り上げをエクセルの**表**にまとめることはできる?」と聞かれたので、「はい、できます」と答えました。エクセルは大学生のころから使っていたので、表を作ることは簡単でした。翌日、すぐに上司にメールで送り、報告をしました。そしたら、一部の売り上げデータが間違っていたことを**指摘**されました。一部だけだったので、上司が**訂正**してくれたそうです。そのことについては、すぐに謝りました。

　しかし、上司は私に、「エクセル、できないじゃないか。できると言ったからお願いしたのに、できないならできないと言ってほしかった」と言いました。私はきちんとデータを表にしたのに、なぜそう言われたのか理解できませんでした。上司は、ただ表にするのではなく、**計算式**も入れて、**自動**で計算ができる表を作ってほしかったとのことでした。計算式が入っていなかったことは、上司が一部のデータを訂正したときに、最後の合計金額が自動で計算されなかったので気づいたようでした。

　その後、上司はすぐに計算式を入れて**修正**してくれたそうです。そして、「**結局**李さんに頼まないで、自分(上司)でやったほうが早かったな」と言われとてもショックを受けました。

1	ここでの問題は何でしょうか。

2	あなたが李さんだったらどのように対応しますか。

確認クイズ

1　正しいものには○、正しくないものには×をつけましょう。

1　＿＿＿　あいづちをたくさんうつと話を聞いていることがよく伝わるので、何度も同じ言葉を繰り返す。

2　＿＿＿　相手がうれしそうに楽しく話をしているときは、自分も笑顔で話を聞いていると共感していることが相手に伝わる。

3　＿＿＿　上司に呼ばれたが、同僚と打ち合わせをしていたので、返事をせず、打ち合わせが終わってから上司のところに行った。

4　＿＿＿　上司から営業先に持っていく手土産にチョコレート菓子を頼まれた。買いに行ったら、期間限定で有名な和菓子が売っていたので、それを買った。

5　＿＿＿　企画書の提出期限が3日だったので、3日の23:56に上司にメールで提出した。

6　＿＿＿　上司からの指示の内容でわからない日本語があったので、上司が話し終わってから質問をした。

7　＿＿＿　同僚は忙しそうにしていたが、表作成がとても上手なのでメールで仕事をお願いした。

8　＿＿＿　上司に残業を頼まれたが、はっきりと断ったら失礼になると思い、「残業ですか…、残業はちょっと…」と言った。

9　＿＿＿　ミスをして注意されたとき、胸をはって、元気に返事をして上司の話を聞いた。

10　＿＿＿　寝坊して始業時間に間に合わなかったので、正直に理由を伝えて謝罪した。

2　次の問いに答えましょう。

1　上司から、今度の新商品の企画会議に提出する資料を作成するように頼まれました。その仕事に取りかかるうえで、どんなことを上司に確認しますか。

2　今日は部品の納品日ですが、注文された数の納品ができません。それは、部品の組みたて工場の機械が昨日故障したため、作業が予定通り進まなかったからです。どのように謝罪しますか。

8 情報共有（報告・連絡・相談）

？ 上司が仕事の状況を何度も確認してきます。上司は私のことを信用していないのでしょうか。

日本では、一つの目標を**達成**させるために、チームで取り組むことが多くあります。そして、チームの**成果**をあげるための**情報共有**は欠かせません。そのために必要なことが、「報告」、「連絡」、「相談」です。日本ではこの**頭文字**をとって、「**報連相**」（野菜の"ほうれん草"と同じ発音）と呼んでいます。報告や連絡がないと、情報共有ができないため、**いつの間にか**問題が大きくなったり、ミスに気づかないまま仕事を進めていたりして、なかなか仕事の成果があがりません。ですから、日本で働くうえでは、仕事の**途中**で今どんな状況なのか、トラブルが起こっていないかなどを、**常に**チームで共有していくことが求められます。

また、国が違うと報連相への考えも異なります。チームではなく個人で仕事を進めていく場合、目標達成までの**経過報告**、連絡、相談などはあまり必要とされていません。必要とされる場合は、目標が達成できそうにない場合や問題が起きたときです。個人の**能力**を**判断**して仕事を依頼した以上、その人が必ず目的を達成できると思っているため、途中の経過報告は必要とされていないのです。しかし、日本で報連相が**徹底**されているのは、相手を**信用**していないのではなく、仕事を**円滑**に進めるためです。報告、連絡、相談の**認識**が違いますので、しっかりと理解を深めましょう。

報告：仕事を指示した人に**対して**、どのように進めているか、どこまで進んでいるかなど、状況や結果を伝える

連絡：仕事の状況や業務に関する情報、問題などを**関連部署**や関係者に伝える

相談：問題が起きたときや、自分で判断ができないことがあったとき、上司や先輩にアドバイスや判断を求める

報告

- □ 悪い情報や問題ほど早く報告する
- □ 最初に結論や結果を伝える
- □ 事実と自分の意見をきちんと分けて伝える
- □ あいまいな表現を使わない
- □ 聞かれる前に、自分から定期的に報告する

あいまいな表現とは？
「たぶん～です」
「～だと思われます」
「おそらく～だと思いますが」

【報告の仕方（例）】

①報告する内容を整理する

②報告する相手の都合を確認する

「先週の発注の件でご報告があるのですが、今お時間よろしいでしょうか」

③結論を先に言う

「発注したA工場から連絡があり、指定された納期に間に合わないとのことです」

④そのほかの必要情報を伝える

「A工場から、提携しているB工場を紹介できると提案されました」

⑤自分の意見を伝える

「納期が遅れると、次の工程も遅れてしまうので、紹介していただけるB工場に確認したほうがいいと思いますが、いかがでしょうか」

連絡

- □ だれに連絡をしなければいけないのかをよく考え、連絡したい人に直接内容を伝える
- □ 伝えなければいけない情報は後回しにせず、すぐに連絡をする
- □ 内容は正確に、簡潔に伝える
- □ 連絡方法は、メールや電話など、そのときの状況に応じた方法を使う

相談

- □ 何もかも相談するのではなく、まずは自分で対策や解決方法などを考えてから相談をする
- □ 相談する前に、相談する内容を整理する
- □ 相談する相手の都合を確認する
- □ 自分なりの考えを伝えたうえで、アドバイスをもらう
- □ アドバイスをもらったら、そのあとの報告も忘れずにする

9 伝え方

? 上司に仕事の状況を報告すると、いつも「で、要点は何？」と言われます。どうしたらわかりやすく伝えられますか。

「何を言っているのかわからない」と言われたことはありませんか。 また 、話しているうちに自分でも何が言いたいのかわからなくなったり、指示を出しても指示通りにやってもらえなかったり、このような経験がある人はいませんか。それは、すべて伝え方に原因があります。伝え方がよくないと、ミスコミュニケーションがおきたり、仕事がうまく進まなかったり、トラブルの原因になります。必要な情報を相手に正確に伝えるためには、話の組み立て方や、話の流れなどを工夫する必要があります。 また 、ジェスチャーや顔の表情、声の大きさや話すスピードなどの非言語コミュニケーションの部分も工夫するとより効果的です。 しかし 、ジェスチャーは国によって意味が異なることがあるので、気をつけましょう。

次の表現をジェスチャーで相手に伝えてみましょう。
相手のジェスチャーは自分と同じでしたか。

●「こっちに来て！」

●「あっちに行け！」

●お金

●「OK！」（わかったことを伝える）

話の組み立て方

☐ 情報を5W2Hで整理する
➡When（いつ）、Where（どこ）、Who（だれ）、What（何）、Why（なぜ）、
How（どうやって）、How many／How much（どのくらい／いくら）

☐ 結論を先に言う

☐ **時系列**（過去→現在→未来）で話を進める

効果的な伝え方

☐ 一文を短くする（一文の中で**接続詞**を2つ以上入れない）

×「〜の件ですが、〜で〜で〜なので、〜です」

☐ 話す内容が2つ以上あるときは、番号をつけて話す

「ポイントは3つあります。1つ目は〜。2つ目は〜。3つ目は〜です」

☐ **比較**を取り入れる

「メリットは〜です。デメリットは〜です」

☐ あいまいな表現は使わず、具体的な数字を取り入れる → 人によって**感覚**が異なるため
（例）「来月はもっとたくさん売ろう」
➡「来月は200個売ろう」
「会議の時間を少し遅らせます」
➡「会議は、10分後の13時半から始めます」

☐ **否定**表現は**肯定**表現にする → 相手が受ける**心理的印象**が異なる
（例）「**消毒**をしないで工場に入らないでください」
➡「消毒をしてから工場に入ってください」
「その営業の仕方ではうまくいきません」
➡「営業の仕方を変えればうまくいきます」

☐ プラスの表現で終わる → **聞き手**は最後の表現のほうが印象に残りやすいため
（例）「**品質**は少し下がるが、**納期**に間に合う」
➡「納期に間に合うけど、品質は少し下がる」

10 仕事の優先順位

? 社長から3日前に仕事を頼まれました。今日出社したら直属の上司に今日しめきりの仕事を頼まれました。どちらの仕事を優先させますか。

　仕事を効率よく進めるためには、仕事に**優先順位**をつけることが**大切**です。しかし、まだ経験が少ない人や、入社したばかりの人であれば、何を優先させるのかもわからないでしょう。仕事の進め方は、どんな職業でもあまり変わりません。まずは、自分が**抱え**ている仕事すべてを頭の中でイメージします。常に全体を意識することで、たとえ状況が変わっても、何を優先させなければならないのか、**臨機応変**に対応できるのです。

　また、何が終わっていて何が終わっていないのかなどがすぐにわかるよう、表を作成したり、メモを**活用**したりして、仕事の**進捗**状況をいつでも確認できるようにしましょう。

 あなたは仕事をしていくなかで、何を優先しますか。
次のA、B、Cの仕事があった場合、どのような順番で仕事をしますか。

A あまり好きではない上司から頼まれた仕事
　　 内容：明日までに提出しなければならない書類の作成

B とても仲がいい後輩から頼まれた仕事
　　 内容：来週の会議で使う資料の確認作業

C 先輩からの仕事の依頼（この依頼は、AとBよりも先に依頼された）
　　 内容：来週の会議で使う会議室の掃除

仕事の進め方

①目的や目標を**明確**にする

②そのために何をしなければならないかをリストにする（具体的な**作業項目**をあげる）

③期限から**逆算**して、作業スケジュールをたてる

④優先順位をつけて**実行**する

⑤目的や目標達成後は、**振り返り**を行って次の仕事に**活かす**

「緊急度」と「重要度」

☐ 業務の「**緊急度**」と「**重要度**」から、仕事を優先する**順番**を考える

　　優先順位１：「緊急度」も「重要度」も高い

　　優先順位２：「緊急度」は高いが、「重要度」は高くない

　　優先順位３：「重要度」は高いが、「緊急度」は高くない

　　優先順位４：「緊急度」も「重要度」も高くない

☐ 入社したばかりのころは、自分だけで仕事の重要度を判断するのは難しいので、
　　上司や先輩に相談する

仕事をするうえで、業務を改善したり効率化したりするための手法や、
思考法など、さまざまなフレームワークがあります。
次の手法や思考法はどのようなものか調べてみましょう。

●PDCAサイクル

●OODAループ

---

11 情報管理

? 上司に、会社のPCを持ち帰って仕事をしたことを注意されました。なぜ注意されたのですか。

働いているなかで、毎日たくさんの情報を目にします。 たとえば 、社員や顧客の個人情報はもちろん、会社の人しか知りえない事業計画や新規事業の企画内容などです。このような情報が外部にもれてしまうと、問題になるだけでなく、会社が大きな損害を受けることもあります。 そのため 社員には、仕事上、知りえた情報をもらしてはいけないという義務があります。そのほか、取引先とのメールのやり取りも気をつけて扱わなければならない情報の一つです。

 また 、インターネットはいつでもどこでも使えて便利ですが、簡単に情報が盗まれてしまうという危険性があります。重要な情報が入ったPCやUSB、書類などを持ち帰って、家で仕事をすることもあるでしょう。その場合は、必ず事前に上司に相談してから持ち出し、どこかに置き忘れたり、盗まれたりすることがないように注意しましょう。

SNSを使っていますか。
SNSを使ううえで、気をつけていることは何かありますか。

・自分の日常生活がわかるような写真はのせないようにしている

38

大切な情報を守るために大切なこと

☐ 会社のものを勝手に持ち帰らない

☐ PCのセキュリティソフトを活用する

☐ 送信元がわからないメールや添付ファイルは、ウィルスに感染することがあるため開かない

☐ メールで重要な情報を送るときは、パスワードをかける

☐ 書類を捨てるときは、シュレッダーを使うなどして、個人情報の部分がわからないようにする

☐ 電車など、社外でPCや書類を見る場合は、周囲から見られないようにする

☐ 仕事で知った情報を、家族や友人など社外の人に話さない

☐ 社外で会社の話をしない

> **注意!!**
> パスワードは同じメールに書くのではなく、別のメールで伝えるようにしましょう。

SNS使用の注意点

☐ 使用する写真には注意する
   ➡ 会社の大切な情報が入っていないか
     会社の制服や社員IDなどがうつっていないか
     公開することの許可をとっていない人が入っていないか　など

☐ 会社や顧客が特定されるような内容は書かない

☐ 人のプライベートなことを、本人の許可なく投稿してはいけない

☐ 個人の住所、メールアドレス、電話番号などの個人情報を勝手にのせない

☐ 確かではない情報を発信したり、広めたりしない

SNSにはさまざまなものがあります。
SNSを使うメリットとデメリットを考えてみましょう。

●メリット

●デメリット

「報連相を心がけているのに…」

　私は、ロバートです。アメリカ出身です。日本の**支社**に**出向**することになり、3ヶ月前日本に来ました。日本語もできるので、アメリカの本社にいたころは主に日本との取引を担当していました。

　日本の企業は、報告、連絡、相談がとても大切だと聞いていましたし、上司にも言われていたので、毎日心がけていました。日本に来たばかりのころは、新しい職場の環境に慣れるため、同僚や上司によく相談をしていました。しかし、先日このようなことがありました。

　私は、海外取引のための新しい企画を提案するように、上司から指示されていました。なるべく、上司が期待している企画に近づけるため、企画内容を何度も相談し、作成するようにしていました。アドバイスを受けたらその通りに作成し、終わったら「次はどうしたらいいですか？」と聞いていました。そしたら、上司に「毎回聞かないで、自分で作って」と言われてしまいました。それは相談しないで勝手に作れということなのか、あれだけ報連相をしっかりするように言われていたのに、よくわからなくなりました。

　また、そのほかの業務に関しても細かく報告するようにしていました。営業から帰ってきたときには、上司に「一応、新商品を紹介して営業をしてきました」と報告したり、売り上げに関しても「今月は多分目標を達成できますが、来月も同じ目標にしますか」と相談したりしていました。そしたら、「はっきりわかったら伝えて」と言われました。報連相を徹底しているのに、そのように言われるので、いったいどうすればいいのかわからなくなりました。報連相はあまり必要ないのでしょうか。

1 ここでの問題は何でしょうか。

2 あなたがロバートさんだったらどのように対応しますか。

確認クイズ

1　正しいものには○、正しくないものには×をつけましょう。

1 ＿＿＿ 日本で仕事をするうえで、報告、連絡、相談は基本である。

2 ＿＿＿ 仕事を進めていくうえで問題が発生したときは、自分で解決してから報告する。

3 ＿＿＿ 業務が完了した報告は、指示した人に直接伝える。

4 ＿＿＿ 相談するときは、必ず相手の都合を確認してから相談する。

5 ＿＿＿ 必要な情報を相手に伝えるためには、日本語の文法だけを完璧にすればきちんと伝わる。

6 ＿＿＿ だめなことははっきりと否定表現を使って伝えないといけない。
（例）「この資料はとても見にくくて、会議では使えません」

7 ＿＿＿ マイナスとプラスの内容を言うときは、プラスのことを最初に言ったほうが相手の受ける印象がいい。
（例）「会議には参加できますが、資料は間に合いません」

8 ＿＿＿ 仕事は、先に頼まれたものを優先的にする。

9 ＿＿＿ 新入社員であれば、自分ができる仕事から取りかかればいい。

10 ＿＿＿ 仕事は、目標を明確にし、しっかりと計画を立てて進めていくことが大切である。

2　次の問いに答えましょう。

1 以下の情報を上司にわかりやすく伝えましょう。

> 取引先の会社の田中さんより連絡があった。
> 内容：新商品の発表会にきてほしい
> 日時：4月8日13:00-15:00
> 場所：ABC商事のプレゼンテーションホール

2 次の否定的な表現を肯定的な表現にしましょう。

①「20日までに完成してもらわないと困ります」

②「10時以降はここの会場には入れません」

5Sとは？

　5Sとは、整理（Seiri）、整頓（Seiton）、清掃（Seiso）、清潔（Seiketsu）、しつけ（Shitsuke）のことです。

　この5Sを心がけると、作業の効率があがり、生産性も**向上**し、今まで以上に仕事がより早く、より良くできるようになると言われています。当たり前のことかもしれませんが、徹底し、続けて行うことが大切なのです。

整理	必要なものと必要でないものを分けて、必要でないものは捨てること

　道具や書類などに限らず、空間や情報などの目に見えないものも含まれます。保管する場所の**無駄**がなくなるので、コスト削減につながります。

整頓	必要なものを決められた場所に置き、だれもがすぐに取り出せるようにものの方向を決め、そのものの名前と場所を表示すること

　必要なものが見つからない場合、探すのに時間がかかります。例えば、1日に3分間、ものを探すのに時間を使っていれば、1年間では何時間になりますか。この無駄な時間をなくせば、生産性がもっとあがります。

清掃	職場や身の回りをきれいに掃除し、空間を清めること

　清掃をするには、整理整頓がきちんとできていないといけません。また、清掃をするときは、設備の**不具合**がないかなども一緒に確認をするようにしましょう。

清潔	整理、整頓、清掃を徹底し、常にきれいな状態を保つこと

常に清潔にしていると、事故も未然に防ぐことができ、安全性につながります。また、病気になりにくくなり、健康でいることができます。

しつけ	決められたことをその通りに実行できるように、習慣づけること

習慣づけるために、教育や指導も必要ですが、意識しないで実行できるようになることが一番大切です。

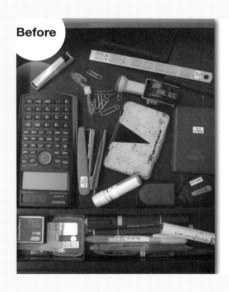 

写真提供：枚岡合金工具株式会社

12 上下関係

? 自分よりあとから入社した社員は年上です。
自分より先に入社した社員は年下です。この
2人に敬語を使いますか。

　仕事をスムーズに進めていくためにも、**日頃**から**良好**な**人間関係**を**築い**ておくことが大切です。会社に入ると、人間関係も**複雑**になります。 しかし 、どんな相手にも**尊敬**の気持ちをもって**接する**ことが大切です。 たとえば 、入社や**昇格**のタイミングによっては、必ずしも上司や先輩が年上だとは限りません。相手が年下だからといって敬語を使わないというのは失礼になります。**年齢**が上の人や、立場が上の人は、仕事だけでなく人生においても自分より経験が**豊富**なので、**敬意**をもって接するようにしましょう。 ただし 、最近は親しみやすい**関係性**を築くために、「中村社長」や「佐藤部長」のように**役職名**をつけた呼び方をせず、「中村さん」や「佐藤さん」などと役職名をつけずに呼ぶ会社も増えてきています。

あなたの国には、先輩や後輩といった上下関係はありますか。
よい人間関係をたもつために、何か気をつけることはありますか。

1

上司や先輩に対して

- □ 敬語で話す
- □ 敬意をことばや態度で表現する
- □ 相手の意見を否定（ひてい）せず、まずは**素直（すなお）に**話を聞く
- □ 呼ばれたら「はい」と返事をしたり、感謝の気持ちを伝えたり、あいさつを**欠（か）かさない**
- □ 仕事を**見習（みなら）って**、良い点を取り入れる

 あなたにとって理想の上司や先輩とは、どのような人ですか。

同期に対して

- □ 仕事中にプライベートな話をしない
- □ 仕事中は**あだ名（な）**で呼ばない
- □ 会社の人の**うわさ話（ばなし）**や**悪口（わるぐち）**を言わない
- □ **お互（たが）い**を**高（たか）めあって成長（せいちょう）**できる関係性（かんけいせい）をつくる

後輩に対して

- □ **積極的（せっきょくてき）に**コミュニケーションをとって、いつでも後輩が声をかけやすい関係性をつくる
- □ 何かあったらすぐに**フォロー**できるように**見守（みまも）る**
- □ 指示は明確（めいかく）に出す
- □ 常（つね）に後輩の**お手本（てほん）**になるような働き方をする
- □ 注意するときに**人格（じんかく）**を否定するような**言（い）い方（かた）**をしない

13 敬語

(?) 課長に書類の確認をしてもらうとき、何と言ってお願いをしますか。

　敬語は、相手に対する尊敬の気持ちを<ruby>表<rt>あらわ</rt></ruby>した<ruby>言語表現<rt>げんごひょうげん</rt></ruby>のことです。仕事では、上下関係や相手との立場が**はっきりと**しているので、<ruby>正<rt>ただ</rt></ruby>しく敬語を使うことが大切です。 しかし 、敬語を正しく使っていても、**<ruby>直接的<rt>ちょくせつてき</rt></ruby>**な言い方をすると相手に**<ruby>不快<rt>ふかい</rt></ruby>**な思いをさせたり、その場の**<ruby>雰囲気<rt>ふんいき</rt></ruby>**を悪くしたりすることがあります。**やわらかく**、ていねいな印象が伝わるように、言い方にも気をつけることが大切です。

　敬語には、「**<ruby>丁寧語<rt>ていねいご</rt></ruby>**」、「**<ruby>尊敬語<rt>そんけいご</rt></ruby>**」、「**<ruby>謙譲語<rt>けんじょうご</rt></ruby>**」があります。だれと、だれについて話すのかによって**使いわけ**ます。まずは、敬語の種類や使い方をきちんと理解しましょう。

丁寧語	立場に関係なく、ものごとを丁寧に表現する
	①「です」や「ます」、「ございます」、「ありがとうございます」、「話します」
	②言葉に「お」や「ご」をつける（例：お返事、ご提案）
尊敬語	相手のことを自分よりも高めて表現する
	①言葉そのものが変わる（例：来る→いらっしゃる、食べる→召し上がる）
	②「お（ご）〜になる」（例：話す→お話しになる、利用する→ご利用になる）
	③<ruby>受身形<rt>うけみけい</rt></ruby>［動詞＋れる／られる］（例：話す→話される、思う→思われる）
謙譲語	自分のことを相手より<ruby>低<rt>ひく</rt></ruby>めて表現する
	①言葉そのものが変わる（例：話す→申す、食べる→いただく）
	②「お（ご）〜する」（例：話す→お話しする、聞く→お聞きする）
	③「〜させていただく」
	（例：話す→話させていただく、聞く→聞かせていただく）

よく使う敬語一覧

普通形	丁寧語	尊敬語	謙譲語
行く	行きます	いらっしゃいます	参ります 伺います
来る	来ます	いらっしゃいます お越しになります	参ります
帰る	帰ります	お帰りになります	失礼します **おいとま**します
する	します	なさいます	いたします
いる	います	いらっしゃいます	おります
言う	言います	おっしゃいます	申します 申し上げます
聞く	聞きます	お聞きになります	**拝聴**します お聞きします 伺います
見る	見ます	ご覧になります	拝見します
見せる	見せます	お見せになります	お見せします ご覧に入れます
読む	読みます	お読みになります	拝読します
知っている	知っています	ご存知です	存じております 存じ上げております
会う	会います	お会いになります	お目にかかります
食べる	食べます	召し上がります お食べになります	いただきます **頂戴**します
借りる	借ります	お借りになります	拝借します お借りします

「お」と「ご」の使い分け

- 基本的に和語（訓読み）には「お」、漢語（音読み）には「ご」をつける

  「お」→ お手紙 / お気持ち / お時間 / お車

  「ご」→ ご連絡 / ご報告 / ご要望 / ご提案

- 外来語、動物、植物、固有名詞、公共のもの、自分のこと、自然現象には使わない

  ×おビール　×お犬　×ご東京　×お駅　×私のご本　×お地震

- **例外**もある

  和語でも「ご」がつく→ごゆっくり / ごもっとも

  漢語でも「お」がつく→お食事 / お化粧

  定着しているもの→ごはん / お茶 / お金

クッション言葉

クッション言葉とは、伝えたいことを話す前に、**一言付け加える**言葉のことです。お願いをするときや断るとき、注意をするときなどの**言いにくい**ことを伝えるときに使うと、直接的な表現を**やわらげて**くれます。

- 言葉にあわせてやわらかい表情とやさしい声で話す
- 使い方

  〔相手の名前を呼びかける＋クッション言葉＋お願い／お断り／注意など〕

  「西岡課長、恐れ入りますが、こちらの書類を確認していただけますか」

クッション言葉	例
（大変）申し訳ございませんが〜	大変申し訳ございませんが、現在は**取り扱って**おりません
お手数おかけしますが〜	お手数おかけしますが、再度お電話いただけますか
よろしければ〜	よろしければ、後ほどメールでお送りします
恐れ入りますが〜	恐れ入りますが、こちらでお待ちいただけますか
おさしつかえなければ〜	おさしつかえなければ、ご住所を教えていただけますか
お気持ちはありがたいのですが〜	お気持ちはありがたいのですが、今回は見送らせていただきます
大変残念ですが〜	大変残念ですが、こちらの新商品は採用いたしかねます

間違いやすい敬語

□ 二重敬語（1つの語に、同じ種類の敬語を2つ以上組み合わせて使うこと）

　　× 「ご覧になられましたか」　○ 「ご覧になりましたか」
　　　➡　①「見る」の尊敬語 「ご覧になる」＋②「〜られる」

□ 尊敬語と謙譲語の使い分け

　　× 「お客さまが参られました」　○ 「お客さまがいらっしゃいました」
　　　➡「参る」は謙譲語なので相手側には使わない

□ 普段よく使われている表現

　　× 「この資料でよろしかったでしょうか」　○ 「この資料でよろしいでしょうか」
　　　➡現在のことを話しているのに、過去形を使っているのは間違い

　　× 「こちらが領収書になります」　○ 「こちらが領収書でございます」
　　　➡「〜になる」は変化を表す表現、「領収書」は変化しないものなので使用しない

よく使う表現

□ お願いをするとき

　　「よろしくお願いいたします」

□ 取引先などの社外の人へのあいさつ

　　「いつもお世話になっております」

□ わかったことを伝えるとき

　　「かしこまりました」/「承知しました」

□ 否定するとき

　　「いたしかねます」/「わかりかねます」

□ 帰るとき

　　「お先に失礼します」

□ 部屋に入るときや出るとき

　　「失礼いたします（失礼いたしました）」

14 つき合い

? 仕事が終わったらプライベートな時間なのに、
上司は飲みに誘ってきます。
なぜ日本ではこういうことが多いのですか。

　仕事が終わったあと、上司や先輩に「食事でもどう？」、「飲みに行こうか？」と誘われることがあります。また同じ部署内や、時には会社全体で忘年会や社員旅行といったイベントが行われることがあります。日本の会社では、飲み会やイベントを人間関係作りの場と考えています。普段社内では聞くことができない話が聞けたり、ほかの部署の人と交流ができたりする機会でもありますので、積極的に参加するといいでしょう。社員同士のコミュニケーションが深まり、仕事が円滑に進むこともあります。

　しかし、勤務時間外なので、参加するかしないかは個人の自由です。断るときは、誘ってくれた人が不快にならないよう、ていねいに断ることが大切です。

　また、プライベートな時間とはいえ、上司や先輩には気を配り、お酒を飲んだせいでほかの人に迷惑をかけることがないようにしましょう。

接待	社外の人と仕事上の関係をより良くすることを目的としたつき合いのこと

　会社の経費を使って、高級なレストランで食事をしたり、休日にゴルフをしたりすることもあります。仕事の一部でもあるため、お客さまを迎えるときや、お見送りするときなどもきちんと対応しましょう。また、接待をする側も受ける側も、翌日に必ずお礼のメールや電話をすることが大切です。

幹事（飲み会やイベントの担当者）を頼まれたとき

【事前の準備】

☐ 日程を決めるときは、一番はじめに上司の日程を確認し優先すること

☐ お店は事前に下見する
（お店までのアクセス、お店の雰囲気、料理、飲み物、席の配置などを確認）

☐ ある程度席を決めておき、当日スムーズに案内ができるようにしておく

☐ コース料理を注文しておく

☐ 会費制やコース料理など、金額がわかっている場合は事前にお金を参加者から集めておく

【当日】

☐ 全体の進行をする

☐ 下座に座り、料理や飲み物を注文する

☐ 最後に支払いをする（＊必ず領収書をもらう）

☐ 必要に応じてタクシーの手配をする

つき合いで気をつけること

☐ 急なキャンセルや、無断で欠席をしない

☐ 会社や仕事の文句ばかりを言わない

☐ お酒が飲めない人に無理にお酒をすすめない

☐ 食事中や会話中に携帯電話ばかりを見ない

☐ 支払いは基本的に割り勘（参加した全員で払うこと）である

 同じ部署の同僚10人と忘年会をします。
あなたが幹事だったら、どのようなお店を選びますか。

（例）会社の近くのお店

後輩が髪型を変えたので「かわいいね」と
言ったら、いやな顔をされました。
ほめたつもりだったのですが…。

ハラスメントとは、自分の言ったことや行動（こうどう）によって、相手（あいて）に不快（ふかい）な思いをさせたり、相手を**傷（きず）つけ**てしまったりすることです。ここで重要（じゅうよう）なのが、自分が**わざと**しているかは関係なく、相手が不快だと感じたらそれはハラスメントになるということです。

ハラスメントは人間関係が悪くなるだけでなく、社員の仕事に対する**モチベーション**が下がり、**転職者（てんしょくしゃ）**が増えることもあります。また、仕事上のハラスメントであれば、会社は**法的責任（ほうてきせきにん）**を**負（お）わ**なければなりません。個人の**外見（がいけん）**やパーソナルな部分については何か思っても**口（くち）に出（だ）さ**ず、相手のことを考えた**言動（げんどう）**をとるように気をつけましょう。

辞める人が増えると、会社として生産性が悪くなるだけでなく、新たに人材を採用するためのコストがかかります。また、仕事上のハラスメントであれば、会社は法的責任が問われ、大きなリスクとなります。

ハラスメントにもさまざまなものがあるので、まずはハラスメントについて知るということが大切です。

ハラスメントがおこらない環境にするためには、どうすればいいと
思いますか。

ハラスメントの種類

【セクハラ（セクシャルハラスメント）】

➡体を触ったり、容姿や性差別的なことを言ったりして相手に不快な思いをさせること

　　例えば…「彼氏いるの？」と聞く

　　　　　　「よく頑張った」と言って、頭を**なでる**

【パワハラ（パワーハラスメント）】

➡**優位**な立場を利用して行われる**嫌がらせ**のこと

　　例えば…自分が**気に入らない**部下には悪い評価をする

　　　　　　必要以上に**怒鳴っ**たりする

　　　　　　相手の人格を否定する

【マタハラ（マタニティーハラスメント）】

➡妊娠、出産、子育て中の女性に対して行われる嫌がらせのこと

　　例えば…辞めるように言われる / 契約が更新されない

　　　　　　検診のために休みをとろうとすると、「休んでばかりで困るなぁ」と言われる

【レイハラ（レイシャルハラスメント）】

➡人種、民族、国籍の違いによって受ける嫌がらせのこと

　　例えば…外国人というだけで、相手の国や文化を傷つける**発言**をする

　　　　　　外国人だとわかると、「日本人に代われ」、「ちゃんとした日本語を話せ」と言われる

　　　　　　給料を安くされたり、**評価基準**を変えられたりして、**不当な待遇**を受ける

ハラスメントへの対処法

□ 相手に「不快だ」「嫌だ」という気持ちを伝える

□ 一人で悩まず、周りの人や、ハラスメントの**相談窓口**に相談する

□ 記録をとっておく

　　（いつ、だれに、どこで、どんなことをされたのか、そのときどんな気持ちだったかなど）

「自慢ではなく、自己PRです」

　私は、中国出身の張です。日本の大学を卒業して、中国の日系企業に3年間勤めていました。いつか日本で仕事がしたいと思っていたところ、先日採用試験に合格し、日本の**総合商社**で働くことになりました。日本に留学していたので、日本語や日本での生活はまったく問題ありませんでした。そして、留学中はアルバイトもしていたので、日本で働くことには何の不安もありませんでした。

　入社してすぐに新入社員の**歓迎会**が開かれました。外国人採用は私一人で、ほかは全員日本人でした。まずは一人ずつ自己紹介をすることになりました。歓迎会の場所は**居酒屋**でしたが、上司も来ていたので、自分を知ってもらえるいい機会だと思いました。そして、次のように言いました。

　「はじめまして。私は張と申します。中国の大連出身です。私は、日本の大学を卒業して、中国の日系企業で3年間働いていました。もちろん日本語能力試験はＮⅠでほぼ満点に近い点数です。英語も、TOEIC900点で、今は韓国語も勉強しているので、韓国語も話せます。留学中はアルバイトをしていましたし、日系企業での経験もあるので、日本の文化やビジネスの**慣習**も理解しています。日系企業では営業を担当していましたが、常に営業成績はトップでした。会社から何度も**表彰**されました。なので、営業は特に自信があります。これからどうぞよろしくお願いします」

　歓迎会のあと、同期の日本人に、「あんなに**自慢話**ばかりたくさんして、みんなちょっと引いてたよ…」と言われました。自慢ではなく、自分を知ってもらうための自己PRだったのに、そのように言われて驚きました。

| **1** | ここでの問題は何でしょうか。 |

| **2** | あなたが張さんだったらどのように対応しますか。 |

確認クイズ

1　正しいものには○、正しくないものには×をつけましょう。

1　＿＿＿　上司は年下なので、敬語は使わなくてよい。

2　＿＿＿　仕事中でも、あだ名で呼びあったほうが仕事が円滑に進む。

3　＿＿＿　相手への尊敬を表現するために敬語はとても大切である。

4　＿＿＿　お客さまが到着したので、上司に「お客さまが参られました」と伝えた。

5　＿＿＿　なるべく多くの敬語を使ったほうがていねいなので、お客さまに「そちらにお座りになられてください」と言った。

6　＿＿＿　「コーヒー」や「レポート」などの外来語には「お」や「ご」はつけない。

7　＿＿＿　仕事の時間外でも上司に食事に誘われた場合は、絶対に行かなければならない。

8　＿＿＿　飲み会はプライベートな場なので、普段会社では言えない上司の悪口を先輩に聞いてもらった。

9　＿＿＿　上司が食事に誘ってきたので、支払いは上司がするべきである。

10　＿＿＿　接待を受けたが、その日にお礼を言ったので、翌日改めてお礼を言わなくてもいい。

2　クッション言葉を使って伝えてみましょう。

1　〔お願いする〕少し待ってもらいたい →

2　〔お願いする〕ここに名前を書いてもらいたい →

3　〔お願いする〕詳しく説明してほしい →

4　〔お断りする〕都合が悪くて参加できない →

5　〔謝罪する〕すでに満席である →

第2章
ビジネスマナー

1 身だしなみ

❓ 「おしゃれ」と「身だしなみ」は
何が違いますか。

　第一印象（だいいちいんしょう）とは、「初めて相手と接（せっ）したときの印象のこと」です。この第一印象によって、あなたやあなたの会社の印象が決まります。第一印象は長い時間変わることがないと言われています。第一印象が悪い場合は、あなたの印象はずっと悪いままになってしまうので気をつけましょう。

　また、第一印象は数秒（すうびょう）で決まります。そのため、常に身だしなみを整（ととの）えていることが大切です。身だしなみを整えるということは、年齢や国籍、性別などに関係なく、すべての人に受け入れられるような髪型や服装にする、ということです。

おしゃれ	自分が好きなものを着て、個性（こせい）を表現すること（＝自分視点（してん））

身だしなみ	相手に不快な思いをさせないように整えること（＝他人視点）

　ビジネス場面では、第一印象がそのあとの仕事に影響することもあるので注意が必要です。

 あなたが日本の会社に就職をしたら、毎日どのような服装や髪型で出社しますか。

身だしなみのポイント

- □ 清潔感：汚れやしわのない、きれいなものを身につける
- □ サイズ：自分の身体にあったサイズのものを着る（特に袖、スカートやズボンの長さ）
- □ 機能性：動きやすく、仕事をするうえで影響がないものにする

身だしなみチェック

男性		項目
1	□	髪の毛で表情は隠れていないか
2	□	ひげはそっているか
3	□	シャツの襟や袖口は汚れていないか
4	□	ネクタイは曲がっていないか
5	□	洋服にしわや汚れはないか
6	□	爪は短く、汚れはないか
7	□	靴下に穴はあいていないか（白い靴下や、短い丈の靴下はNG）
8	□	靴は磨かれているか
9	□	におい（口臭、体臭、香水の香りが強くないか）

女性		項目
1	□	髪の毛で表情が隠れていないか（長い場合はまとめ、前髪の長さも確認する）
2	□	メイクはしているか（自然で健康的なメイクにする）
3	□	シャツの襟や袖口は汚れていないか
4	□	アクセサリーは派手ではないか（大きなものや仕事中じゃまになるものなどはさける）
5	□	洋服にしわや汚れはないか
6	□	爪は短く、汚れはないか
7	□	スカートの長さは短くないか（膝より上だと短い）
8	□	ストッキングは破れていないか（念のため、予備のストッキングも持ち歩くこと）
9	□	靴は磨かれているか
10	□	におい（口臭、体臭、香水の香りが強くないか）

2 あいさつの基本

? どんなときも元気よく大きな声であいさつをしていますが、ときどき変な目で見られることがあります。なぜですか。

あいさつは、よい人間関係をつくるための**第一歩(だいいっぽ)**です。いつも明るく、自分から、どんな人に対してもあいさつをしましょう。 ただし 、時間帯や場所、そのときの状況にあわせたあいさつをすることが大切です。 たとえば 、会議中に入室するときであれば、会議の進行をじゃましないように声の大きさや行動にも気を配(くば)らなければなりません。

表情、目線

- ☐ 口角(こうかく)をあげてやさしくほほえむ
- ☐ 相手の目を見てからあいさつをする
- ☐ 相手の目線(めせん)の高さにあわせる
  （例）自分が立っていて、相手が座っている場合は、
  　　　ひざを曲げて相手の目線と同じ高さにする

 どちらのほうが相手に冷たい印象を与えますか。

●目線を下にはずす

●目線を左右にはずす

＊相手の目を見ることも大切ですが、その目線をはずすときはより注意が必要です。ゆっくりと下にはずすと、
　相手は冷たい印象を受けません

いろいろなあいさつ

2

社内の人と話すとき

部屋（**会議室**、**応接室**など）の入退室

外出するとき

外出する人に対して

外出から戻ったとき

外出から戻った人に対して

依頼を受けたとき

退社するとき（まだ仕事をしている人に対して）

日本はおじぎをする文化なので、いつもおじぎをしていますが、上司から心がこもっていないと言われます。もちろん心をこめています。なぜ伝わらないのですか。

おじぎは、相手への敬意を表わすものです。姿勢を正して、腰から頭までまっすぐにしておじぎをします。頭だけを下げるのはおじぎではありません。[また]、おじぎをしたときも相手からは表情が見えていますので、気をつけましょう。

あなたの国ではあいさつをするとき、おじぎの代わりに何かしますか。

おじぎの基本

①姿勢を正して、相手の目を見る

②腰から頭までをまっすぐにしたまま、腰を曲げる（頭だけを下げない）

③一度とまる

④下げるときよりもゆっくりと頭を上げる

⑤相手の目をみる

おじぎの種類

＊おじぎの角度は、そのときの感謝や謝罪の気持ちの深さを表します

□ **会釈**（軽いおじぎ）：15度
　（例）「おはようございます」/「失礼いたします」/
　　　　「かしこまりました」

□ **敬礼**（普通のおじぎ）：30度
　（例）「お待たせいたしました」/「いらっしゃいませ」/
　　　　「ありがとうございました」

□ **最敬礼**（深いおじぎ）：45度
　（例）「大変申し訳ございません」/「大変感謝しております」

同時礼と分離礼

□ **同時礼**：あいさつの言葉を言いながら、おじぎをする
□ **分離礼**：あいさつの言葉を言ってから、おじぎをする（同時礼よりもていねい）

2

確認クイズ

1 正しいものには○、正しくないものには×をつけましょう。

① ＿＿＿ 第一印象はほとんど見た目で決まってしまう。

② ＿＿＿ 第一印象は時間がたってもなかなか変わらない。

③ ＿＿＿ 仕事をするうえで、服装や髪型で個性を表現することはとても大切だ。

④ ＿＿＿ スーツは、自分のサイズにあっていて、仕事をするときに動きやすいものにする。

⑤ ＿＿＿ たとえ会議中だとしても、全員が聞こえるように大きな声で「失礼します」と言って会議室に入る。

⑥ ＿＿＿ あいさつをするときは、必ず相手の目を見てあいさつをする。

⑦ ＿＿＿ あいさつは、言葉だけではなく、おじぎもするとより敬意が伝わる。

⑧ ＿＿＿ 目線をはずすときは、左右にはずすと自然で相手に冷たい印象を与えない。

⑨ ＿＿＿ おじぎをするときは、頭を下げている間も、相手の目を見る。

⑩ ＿＿＿ 同時礼は分離礼よりもていねいなおじぎである。

2 身だしなみを整えて、表情や目線に注意し、次のあいさつをしましょう。

（＊P.59の身だしなみチェック表を使って身だしなみを確認しましょう）

① 会釈「おはようございます」

② 敬礼「ありがとうございます」

③ 最敬礼「大変申し訳ございません」

④ 分離礼「誠に申し訳ございませんでした」

⑤ 同時礼「失礼いたします」

自己紹介

新しい人間関係は自己紹介からはじまります。話すのが苦手な人にとっては、急な自己紹介で何を話せばいいのかわからなくなったり、緊張して話せなくなったりするでしょう。しかし、事前に準備をしていれば安心です。相手に好印象を与える自己紹介になるよう、何をどのように話せばいいのか確認し、何度も練習をしましょう。

何を言えばいいの？

【名前】：相手が知っていたとしても、必ず名前はフルネームで伝えましょう

ポイント1：はっきりと、ゆっくりと！

外国人の名前は聞き取りにくく、なかなか覚えることができません。それは、発音が難しかったり、何が苗字で何が名前なのかわからなかったり、名前がわかっても何と呼べばいいかわからなかったり、というような理由があります。

●名字と名前がはっきりとわかるように、少し間をあける
　（例1）「劉健と申します」→「劉□健と申します」
　（例2）「劉健と申します」→「名字が劉で、名前が健です」
●呼び方を伝える
　（例1）「ダオ ズイ チュン ニャット（DAO DUY TRUNG NHAT）と申します」
　　　　→「ダオ ズイ チュン ニャットと申します。ニャットと呼んでください」

ポイント2：ひと言プラスする！

名前だけでなく、ひと言そえるだけで相手の印象に残りやすくなります。
●漢字でどのように書くのかを伝える
●珍しい名前であれば、どの地域に多い名前なのかや、由来などを伝える

【出身地や経歴】：どこのだれなのかがすぐにわかってもらえるので簡単に伝えましょう
●出身地：大都市でない場合、聞いている側は場所がわからないこともあるので、説明を加えましょう。
　　　　　また、出身地の特徴などを話してもいいでしょう。
　（例1）「出身は○○です。○○は○○（大都市名）から電車で3時間くらい南に行ったところです」
　（例2）「出身は○○です。○○は、○○○（観光地や特産物など）が有名です」
●経歴
　入社後のあいさつでは、学生時代に何を学んでいたのかなどを伝えると、希望する仕事につながることがあります。履歴書のように、学校名だけを伝えるのではなく、どんなことを頑張ってきたのか、どんなことに打ち込んできたのか、何を努力してきたのかなどのエピソードを話すと印象に残りやすくなります。

【自分の特徴】
相手は自己紹介を聞きながら、自分との共通点を探したり、どんな人なのか、この先いい関係を作っていけるのかを考えます。趣味や特技、自分の強みや抱負など、相手に知ってほしいことや印象づけたいことを伝えましょう。

? 取引先の応接室に案内をされました。どのような姿勢で座って待っていますか。実際にいすに座ってみましょう。

正しい姿勢（しせい）は、美しい立ち居（たち い）ふるまいの基本です。姿勢がよいと、自分自身の気持ちも引きしまるだけでなく、周りの人にも誠実（せいじつ）でまじめに仕事をしている印象（いんしょう）を与（あた）えます。

しかし、姿勢が悪く、だらだらと行動していると、**やる気**がない印象になります。

まずは、しっかりと身につくまで意識をすることが大切です。仕事をしているときだけでなく、エレベーターに乗っているときや食事をしているときなども気をつけましょう。

姿 勢

【立ち方】

□ **かかとはそろえてつま先は少しあける**
（時計の針をイメージして、男性10時10分、女性11時5分）

□ **胸（むね）をはり、あごをひく**

□ 腕➡男性は腕をまっすぐおろし、足の横につける
　　女性はからだの前で軽く手を組む

【座り方】

□ 椅子の前半分くらいに座り、背中をつけない

□ 足➡男性は**肩幅（かたはば）**くらいに開く
　　女性は、ひざをとじかかとをつける（足を組まない）

□ 手➡男性は軽く（かる）**にぎり**足の上に置く
　　女性は手を組んで足の上に置く

5　物の受け渡し方

?　部長が近くを通ったので座ったまま片手で資料を
渡したら、あとで先輩に「それはちょっと…」と
言われました。
何がいけなかったのでしょうか。

2

　物を渡すときやもらうとき、一つ一つの動作をていねいにすると相手を大切にする思い
が伝わります。どのように渡せば相手が受け取りやすいのか、常に相手の立場になって考
え、行動に表すことが大切です。

渡し方

①物の**正面**を相手に向ける

②相手が**受け取りやすい位置にさし出す**

③**一言そえ**ながら両手で渡す

> 持った手で、文字や写真が
> 見えなくならないようにする

・〜です、どうぞ
・こちらでございます

＊片手でしか渡せないときは、もう片方の手をそえましょう。
　本当は両手でお渡ししたいという気持ちが伝わります

受け取り方

①両手で受け取る

②書類を受け取った場合は、折ったりせず、
　ファイルなどに入れて大切に扱う
＊片手でしか受け取れないときは一言そえましょう

> 片手で失礼します

6　ドアの開け閉め

(?) 部屋に入るとき、ノックは何回しますか。

　部屋に入るときは、必ず**ノックをしましょう**。正式なノックの回数はゆっくりと4回です。しかし、4回は数が多く不快に思う人もいますので、その時の状況に応じてノックをしましょう。ビジネスの場合では、一般的にノックは3回です。そして、ノックの途中で部屋の中から応答があった場合は、それ以上しません。また、ノックを早く2回することは、トイレのドアをたたくときですので、ビジネス場面ではしてはいけません。

　また、ドアを閉めるときは、最後まで**ドアノブを持ち**、**静かに閉める**ようにします。

内開きと外開きのドア

□ **内開きのドア**

自分が先に入ってドアをおさえてから
ほかの人が入る

□ **外開きのドア**

ドアをひいてほかの人が先に入ってから
自分が入る

 ドアをノックしてみましょう。

　ノックをするとき、中指（なかゆび）の**第二関節（だいにかんせつ）**のところでノックをすると音がきれいに聞こえます。緊張していると、ノックの音や**タイミング**がずれてしまいますので、何度も練習しましょう。

確認クイズ

1 正しいものには○、正しくないものには×をつけましょう。

1 ＿＿＿ いすに座るときは、背もたれに背中をつけて姿勢を正す。

2 ＿＿＿ 立ち方では、あごを少し上にあげると誠実な印象になる。

3 ＿＿＿ 近くにいる人に物を渡すときは片手で渡しても失礼ではない。

4 ＿＿＿ 書類を渡すときは、相手が読める向きにして渡す。

5 ＿＿＿ 重い荷物を渡すときは、「少し重いですので…」などと一言そえると親切である。

6 ＿＿＿ 両手で受け取れないときは、「片手で失礼します」と言って片手で受け取る。

7 ＿＿＿ 応接室の中に人がいることは分かっていたので、ノックはせずにドアを開けた。

8 ＿＿＿ 1回ノックをして、部屋の中から「どうぞ」と返答があったので、それ以上ノックはせずに入った。

9 ＿＿＿ ドアを閉めるときは、ドアが閉まるまでドアノブを持ち、大きな音を立てないようにする。

10 ＿＿＿ ドアが外開きでも内開きでも、お客さまよりも自分が先に入る。

2 ポイントを確認して実践してみましょう。

1 教科書や書類を両手で渡す（もしくは、片手で渡す）。

　　ポイント　物の向き、渡す位置

2 ノックをし、ドアを開ける。「失礼いたします」と言って、部屋に入る。

　　ポイント　ノックの回数、ノックの仕方、ドアの開け閉め、おじぎ

7 名刺交換

? 名刺交換はいつしますか。

　名刺交換はあいさつと**同時**に行われます。名刺交換では、自分の名前や会社を伝えること以外に、**ビジネスパーソン**としての**常識**や**マナー**が**身についている**かどうかも見られています。第一印象を大きく**左右**しますので、何度も練習してしっかりと基本を身につけましょう。また、人数や立場によって名刺を交換する順番が異なります。間違ってしまうと失礼になりますので気をつけましょう。

名刺交換の基本

【いつも名刺を持ち歩く】
➡どこでだれに会うかわからないので、いつも名刺を持ち歩き、いつでも名刺交換ができるようにしましょう。

【名刺はその人自身】
➡汚れていたり折れたりしている名刺を相手に渡すことは失礼です。必ず**名刺入れ**を使い、ポケットやかばんから直接名刺を出すことがないようにしましょう。また、受け取った名刺も名刺入れに入れて持ち帰り、会社で必ず整理しましょう。

【名刺交換をするときの姿勢】
➡必ず立って、お互いに正面を向いて行います。テーブル越しや、座ったままでは行いません。

【名刺交換するときの順番】
➡基本的に訪問した側（お金をもらう側（受注側））から先に名刺を差し出します。

【名刺はコミュニケーションツールの一つ】
➡名刺のデザインや紙の種類にこだわったり、香りをつけたりして自分をアピールをすることができます。名刺交換を**有効**に活用しましょう。

名刺交換のしかた【1対1の場合】

①自分の名刺を相手が読める向きにする
　名刺入れの上に置いて両手で持つ

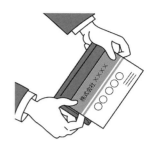

2

②［一人ずつ交換する場合］
　会社名と名前（フルネーム）を言いながら、両手で渡す

［同時に交換する場合］
会社名と名前（フルネーム）を言いながら、名刺を右手で渡し、同時に、相手の名刺を左手で受け取り、自分の名刺入れの上にくるようにする。渡すときは、相手が左手で受け取れるようにする

「（会社名）の（名前）と申します。どうぞよろしくお願いいたします」

③名刺を受け取ったら、名前の読み方などをその場で確認する
「頂戴いたします」
＊名前の読み方がわからないとき
「恐れ入りますが、何とお読みすればよろしいでしょうか」

名刺交換のしかた【複数人の場合】

①人数分の名刺を取り出して、名刺入れの間_{あいだ}に**はさん**でおく

②立場が上の人同士から名刺交換をする

③受け取った名刺は、名刺入れの一番上（自分の名刺の上）にはさむ

　➡受け取るときは、相手の会社名や名前に**指がかからない**ようにしましょう。指で相手の会社や相手をつ
　　ぶすという印象を与え、失礼になります。

名刺交換をしたあと

☐ 名刺交換後、そのまま会議や**打ち合わせ**が始まるときは名刺をしまわない

☐ 相手の名刺を自分の名刺入れの上にのせて、テーブル（机）の上に置く
　　2人以上のときは、相手の席順にあわせて名刺を置く

☐ 名刺交換後からは、名前で呼びかけるようにする
　　＊基本的に顔と名前を覚えたら名刺入れにしまってもかまいません。
　　　しかし、商談_{しょうだん}や会議が終わるまではテーブル（机）に置いておくことが多いです

こんな時どうする？？（名刺交換編）

【名刺を忘れた！名刺が足りない…】

➡ていねいに謝り、その場で自己紹介をします。あとで、メールをするか、名刺を送りましょう。

【名前の読み方を忘れないように名刺に書き込みたい！】

➡その場で名刺に名前の読み方などの書き込みをすることは相手に失礼です。あとで、どこで会った相手なのか、相手の**特徴**などをふせんにメモをして名刺に貼っておくといいでしょう。

【相手に先に名刺を渡されてしまった！】

➡あわてず、そのまま頂戴し、「申し遅れました」とはじめに言えば問題ありません。いつも名刺入れがすぐに取り出せるように準備し、スムーズに名刺交換ができるようにしておきましょう。

【緊張する！】

➡何度も練習し、**実践を重ね**れば大丈夫です。緊張しすぎて、受け取った名刺を落としたりしないようにしましょう。また、自分の名刺を落としても、そのまま相手に渡してはいけません。

【名刺がどんどんたまっていく…】

➡名刺は個人情報そのものです。捨てるときは、必ずシュレッダーを使いましょう。また、その日のうちに**ファイリング**したり、時々相手の情報を更新したりするといいでしょう。オンラインでの名刺交換では、定期的にパソコンのセキュリティー対策を見直すなどして、個人情報の取り扱いに気をつけましょう。

1 正しいものには○、正しくないものには×をつけましょう。

1 ＿＿ はじめて会った人とは、あいさつをしてすぐに名刺交換を行う。

2 ＿＿ 隣に座っている人と名刺交換をするときは、あいさつだけきちんとし、座ったまま交換してもよい。

3 ＿＿ 名刺の角が少し折れていたが、読むのには問題ないのでそのまま渡した。

4 ＿＿ 名刺がすぐに取り出せるよう、名刺入れから出し、シャツのポケットに入れておいた。

5 ＿＿ 名刺の文字が読めるように、正面を相手に向けて渡す。

6 ＿＿ 受け取るときには、相手の名前や会社名に指が触れないようにする。

7 ＿＿ 打ち合わせ前に名刺交換をした場合、受け取った名刺が汚れないようにすぐに名刺入れにしまう。

8 ＿＿ 相手の名前の読み方を忘れないように、その場で直接名刺に読み方を書き込んだ。

9 ＿＿ 名刺を忘れたときは、その場で自己紹介をし、後ほどメールで再度連絡をする。

10 ＿＿ 古くなった名刺を処分するときは、必ずシュレッダーを使う。

2 次の場面設定で名刺交換をしてみましょう。

1 A：受注側の社員 （会社名：ABC株式会社　　氏名：自分の名前）
　 B：発注側の社員 （会社名：株式会社さくら　氏名：自分の名前）

2 A：受注側の社員 （会社名：ABC株式会社　　役職：課長　　氏名：自分の名前）
　 B：受注側の社員 （会社名：ABC株式会社　　役職：なし　　氏名：自分の名前）
　 C：発注側の社員 （会社名：株式会社さくら　役職：社長　　氏名：自分の名前）
　 D：発注側の社員 （会社名：株式会社さくら　役職：部長　　氏名：自分の名前）

3　名刺をデザインしてみましょう。

名刺は、働いている会社で作成してもらうことが一般的ですが、自分で作成するとしたらどのようなデザインにしますか。どのような情報をどの場所に入れるのか考えてみましょう。

2

ポイント　紙ぎりぎりまで文字や会社のロゴを入れてしまうと、渡したり、相手が受け取ったりするときに、指で文字に触れてしまうことがあるので気をつけましょう。

（表）

（裏）

（？）取引先へ行くのに、上司と一緒にタクシーに乗ります。
あなたはどの席に座りますか。

席次（せきじ）とは、どの席に誰が座るのか（立つのか）という席の順番（じゅんばん）のことです。相手の年齢や役職（やくしょく）、相手との関係性によって座る（立つ）席が異なります。席次は、相手のことを考え、相手に少しでも良い席に座ってもらいたいという**おもてなし**の気持ちや敬意（けいい）を表したものです。 そのため 、席次を間違ってしまうととても失礼なことになります。

席次には「**上座**（かみざ）」と「**下座**（しもざ）」があります。上座は、その部屋や**空間**（くうかん）の中でいちばん良い席なので、立場や年齢が上の人が座ります。それに対して下座は、立場が下の人や**もてなす**側の人が座ります。

基本の席次

☐ 出入り口に近い席が下座、出入り口から遠い席が上座

☐ 部屋の中でいちばん**快適な**（かいてき）席が上座
（きれいな景色が見える席や絵画や飾り物（かいが かざ もの）が見える席など）

☐ 席次よりも本人の希望を優先させる

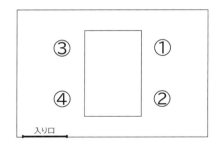

その他の席次

【応接室】

☐ 座る場所だけではなく、いすの形にも順序がある

| 上座 | ソファ |

↓　　**ひじかけ**があるいす

↓　　ひじかけはなく、背もたれがあるいす

| 下座 | ひじかけも背もたれもないいす |

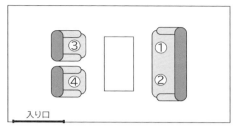

【会議室】

☐ 上座は議長

☐ 議長の右から順番に座る

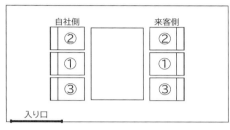

【車】

☐ 運転手がいる場合（タクシーなど）　　☐ 運転手が**同行者**（上司やお客さま）の場合

＊道案内や料金の支払いがあるので、運転手のとなりが下座

| ポイント | 相手への気づかい |

スカートや着物など、奥の席へ入りにくい服装をしている場合は手前の席を案内するなど、相手のことを考えた対応が大切です。

また、電車や飛行機など、窓側よりも通路側を好む人も多いので、座席の予約をするときは、どちらの席がいいか直接確認するといいでしょう。

【エレベーター】

☐ 下座は操作ボタンの前
（ドアの開け閉めや**階数**ボタンを押す）

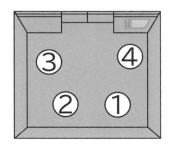

9 ご案内

? お客さまを応接室まで案内します。
エレベーターを使いますが、先に乗るのはお客さまですか、それとも案内する人ですか。

お客さまを案内するときはどんなことに気をつけたらいいでしょうか。 まずは 、どんなお客さまに対しても、笑顔でていねいに応対しましょう。最初に応対してくれる人の印象で、会社の印象が決まってしまいます。 そして 、お待たせしないということが重要です。 そのため 、お客さまが来たらすぐに応対しましょう。

【ご案内の流れ】

①あいさつをし、会社名、名前、**アポイント**があるかないか、担当者を確認する

②アポイントがある場合

「○○様ですね、お待ちしておりました。すぐにご案内いたしますので少々お待ちください」
➡担当者に取り次ぐ
➡ご案内（③へ）

アポイントがない場合

会社名、名前、目的、担当者や**面会希望者**を確認する

「失礼ですが、お名前をお伺いしてもよろしいでしょうか」

「恐れ入りますが、ご用件をお伺いできますか」

「恐れ入りますが、お名刺をお預かりしてもよろしいでしょうか」
➡担当者や面会希望者に連絡する

③ご案内

必ず行き先を伝えてから案内をする
お客さまのななめ前を歩き、いつもお客さまが自分の視界に入るようにする
お客さまの歩くスピードに合わせる

指し示し方

☐ 指をそろえて、<u>手で指し示す</u>

☐ 右側のものは右手で、左側のものは左手で指し示す

通路

☐ 案内する人は通路（つうろ）の端を歩く（通路の真ん中はお客さまが歩く）

☐ 曲がるときは、「こちらです」と手で方向を示す

階段やエスカレーター

☐ **手すり側をお客さまが歩く**

☐ 段差（だんさ）では「お足元（あしもと）にお気をつけください」と一言そえる

【あがるとき】

☐ 案内する人はお客さまの2、3段ななめ上を歩く

　＊お客さまが万が一転（ころ）んだ場合でも、すぐに助けることができるように、
　　あがるときはお客さまの下を歩いても構いません。
　　しかし、男性が女性を案内する場合は、すぐ後ろに立つと不快（ふかい）に思う
　　人もいるので気をつけましょう。

【おりるとき】

☐ 案内する人は、お客さまの2、3段下を歩く

エレベーター

お客さまの人数によってご案内が異なる

【お客さまが1〜2人の場合】

☐ 乗るときも、降りるときもお客さまが先

☐ お客さまが乗り降りするときはドアを押さえる

【お客さまが3人以上の場合】

☐「失礼します」と言い、案内する人が先に乗り、操作ボタンの前に立ち、「開」ボタンを押す

☐ ドアを押さえながら「どうぞ」と言ってお客さまに乗ってもらう

☐ お客さまに先に降りてもらう

　「右にお進みください」などとどちらに行くのかを伝えるとスムーズにご案内できる

10 お茶出し

? お客さまにお茶を出すときは、お客さまの右側から出しますか。左側から出しますか。

　お客さまを応接室（おうせつしつ）にご案内したらすぐにお茶を出します。お茶出しは、おもてなしの基本です。ビジネス場面だけではなく、日常生活（にちじょうせいかつ）でも役に立つので、しっかりとポイントを確認しましょう。

ポイント	お茶出し

☐ 上座（かみざ）に座っているお客さまから順番にお茶を出す

☐ 部屋までお茶を運ぶときは、たった一つでも必ずおぼんを使う

☐ 会議や話のじゃまにならないようにお茶を出す

☐ お茶を出すときは必ず茶托（ちゃたく）にのせる
（紅茶やコーヒーの場合はソーサー、グラスのときはコースターを使用する）

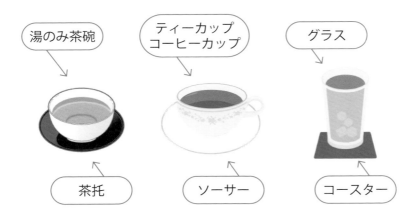

湯のみ茶碗　　ティーカップ コーヒーカップ　　グラス

茶托　　ソーサー　　コースター

☐ 湯（ゆ）のみ茶碗（ちゃわん）に絵柄（えがら）があるとき、その絵柄が正面（しょうめん）になるようにして出す

お茶出しの準備

- □ お客さまの人数を確認する
- □ 湯のみ茶碗や茶托が汚れていないか、
  割れていたり**ひび**が入っていたりしないかを確認する
- □ 入れたお茶が冷めないように、
  お茶を入れる前にお湯を入れて茶碗を温めておく
- □ **おぼん**に人数分の湯のみ茶碗と茶托、**ふきん**をのせる
  ＊この時、湯のみ茶碗と茶托は別々にしておく

お茶出しの流れ

①おぼんを両手で胸の高さに持ち、応接室まで運ぶ

②ドアをノックし、「失礼します」と言って軽く会釈をして入室する
  ＊話し中であればあいさつはせずノック後、会釈だけをして入室する

③おぼんをサイドテーブルや下座（しもざ）のテーブルに置く

④茶托の上にお茶を置いて、出す準備をする

⑤両手で持ち、上座のお客さまから出す（社内の人は最後）
  お茶を出すときはお客さまの右側から出す
  ＊右側が狭くて出せない場合は、左側や正面など出しやすいほうから出す

⑥おぼんの表を外側にし、体の左側につけて持つ

⑦一礼（いちれい）して退室する

こんな時どうする？？（お茶出し編）

【テーブルの上には資料がたくさんあってお茶を出すスペースがない…】

➡お客さまに「失礼します」と言って、少しスペースを作ってもらいます。資料の上にお茶を置いたり、「書類を片付けてください」と目で**うったえ**たりしてはいけません。

【部屋に入ったら準備していた人数よりも一人多い…】

➡あせらず、いつも通り上座のお客さまから順番に出します。最後、足りなくなった場合は、「改めてもう一つお持ちします」と言って退出し、すぐにもう一つ準備して出します。

お客さまの前で、「足りない…どうしよう…」と言葉に出したり、不安で笑顔がなくなったりしないよう、落ち着いて対応すれば大丈夫です。

【お茶を運んでいる間にこぼしてしまった…】

➡まずは、運んだり出したりするときに**こぼれない**ように、お茶は茶碗の7分目くらいまで入れます。運んでいる間にこぼしてしまった場合は、一緒に持ってきたふきんで茶碗の下をふいて、茶托にセットします。お客さまに出すときにこぼしてしまった場合は、「失礼いたしました」と言って、一度サイドテーブルに戻します。そこで茶碗と茶托をふいて再度出します。たくさんこぼれてしまった場合は、「大変失礼しました、すぐに新しいものをお持ちします」と言って、もう一度準備します。

【2杯目はいつ出せばいいの？】

➡基本的にお茶を出してから30分後、まだ帰る様子でなければ2杯目のお茶を準備します。しかし、会議が**深刻**（しんこく）な内容であったり、テーブルの上が資料でいっぱいになっていたりする場合、30分ごとにお茶をお出しすると迷惑になることがあります。そのときの状況をよく見て、判断することが大切です。

2杯目を出すときは、最初のお茶を下げてから新しいものを出します。まだお茶が残っていても冷たくなっていますので、新しいものを出しましょう。最初の湯のみ茶碗にお茶だけを入れることはしません。

確認クイズ

1　正しいものには○、正しくないものには×をつけましょう。

1　＿＿＿　上座は出入り口から一番遠い場所になるので、立場の低い人が座るようにする。

2　＿＿＿　社長が出口近くの席を希望したので、そちらに座ってもらった。

3　＿＿＿　タクシーで移動するときは、支払いをする人が運転手横の**助手席**（じょしゅせき）にのったほうがよい。

4　＿＿＿　お客さまをご案内するとき、とても急いでいた様子だったので、少し**早歩き**（はやあるき）でご案内した。

5　＿＿＿　階段を使ってお客さまをご案内するとき、階段の真ん中をお客さまに歩いてもらう。

6　＿＿＿　エレベーターでお客さまをご案内するとき、人数に関係なく降りるときは案内人が先に降りる。

7　＿＿＿　1人のお客さまにお茶を出すときは、おぼんを使わず、両手でていねいに運んで持っていく。

8　＿＿＿　コーヒーを出すときは、コースターの上にコーヒーカップをのせる。

9　＿＿＿　お茶を出すときは、おぼんをお客さまの目の前に置いて、こぼれないように出す。

10　＿＿＿　お茶を出すときは、右でも左でも、お客さまのじゃまにならないように出しやすいほうから出す。

2　実践しましょう。

1　目的地を決めて、その場所まで案内しましょう。

　　ポイント　　ご案内の声かけ
　　　　　　　　方向の指し示し
　　　　　　　　案内人とお客さまの位置（通路、階段など）

2　部屋で待っているお客さまにお茶を出しましょう。

　　ポイント　　お茶出しの準備（おぼんのセット）
　　　　　　　　ドアの開閉
　　　　　　　　お茶の出し方
　　　　　　　　退出時のおぼんの持ち方

> **?** 10時に取引先の会社へ行くことになっています。訪問先に何時に到着すればいいですか。

　仕事をしていくなかで、打ち合わせや営業など、ほかの企業を訪問することがあります。ほかの企業を訪問するとき、いちばん大切なことは自分が会社の代表だという**自覚**を持つことです。 なぜならば 、自分の印象がそのまま会社の印象になるからです。 そのため 、忘れ物をしたり、当日遅刻したりしないよう、事前にしっかりと準備をすることが大切です。

【訪問時の流れ】

①訪問先に到着（10分前）

- ☐ 身だしなみを整える
  （コートは外からの**ほこり**を入れないという意味で、入り口の前で脱ぐ）
- ☐ 携帯電話はマナーモードにするか、電源を切る

②訪問先の受付に向かう（5分前）

- ☐ 受付で、会社名、名前、訪問先の部署や担当者名、予約時間を伝える

③案内 → 応接室へ移動

- ☐ 部屋に入ったら、案内された席に座る。特に案内がなければ、下座に座って待つ
- ☐ カバンなどの荷物は空いているいすやテーブルには置かず、自分のいすの横に置く

④あいさつと名刺交換

- ☐ 相手が部屋に入ってきたらすぐに立ち、あいさつと名刺交換をする

⑤面談後 → 退出

- ☐ 忘れ物がないよう確認し、お礼を言って退出する。コートは外に出てから着る

訪問の事前準備

- ☐ 必ず訪問先のアポ（アポイント）をとる
  （予約から訪問日まで1週間以上ある場合は、訪問日の前日に変更などないか確認の電話をする）
- ☐ 同行者がいる場合は、名前や役職、人数を訪問先に伝える
- ☐ 資料を準備する
  （当日人数が増えてもいいように、予備も準備する）
- ☐ 訪問先の場所の確認
  （交通機関や時間、車の場合は駐車場などを確認する）
- ☐ 名刺は少し多めに持っていく
- ☐ PCを持っていく場合は充電がされているか確認する
- ☐ 紹介後はすぐに名刺交換をする

  「（名前）です。どうぞよろしくお願いいたします」

【ポイント】

初めて行く訪問先であれば、自分の会社の案内資料なども持っていきましょう！

訪問先のコンセントを使ったり、充電器を借りたりするのは失礼です。

紹介のしかた

- ☐ 紹介する順番

  〔会社〕先に自社の人を他社の人に紹介、次に他社の人を自社の人に紹介

  〔役職〕先に役職が低い人を高い人に紹介、次に役職が高い人を低い人に紹介

  〔年齢〕先に年少者を年長者に紹介、次に年長者を年少者に紹介

  〔関係性〕先に受注側を発注側に紹介、次に発注側を受注側に紹介

【上司を取引先担当者に紹介】

①取引担当者に自分の上司を紹介

「ご紹介します。

高橋さま、こちらが弊社営業部長の田中です」

②自分の上司に取引先担当者を紹介

「田中部長、こちらがいつもお世話になっている営業の高橋さまです」

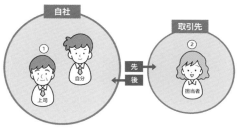

【複数人の紹介】

①取引先担当社に自分の上司を紹介

「ご紹介します。

高橋さま、こちらが弊社営業部長の田中です」

②取引先担当社に自分の同僚を紹介

「高橋さま、こちらが佐藤です」

③自分の上司と同僚に取引先担当社を紹介

「こちらがいつもお世話になっている営業の高橋さまです」

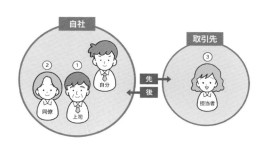

12 社外での打ち合わせ

? 取引先と社外で打ち合わせをすることになった上司に場所の確保を頼まれました。どのような場所がいいでしょうか。

来客との打ち合わせは、社内で行うのが基本です。 しかし 、時間的な都合や場所の確保などの問題で、社外で打ち合わせを行う場合もあります。このような場合、打ち合わせをお願いした側が場所の確保、飲食代の支払いなどのすべてを行わなければなりません。社内で行うのと同じようにスムーズに打ち合わせが進むよう、事前にしっかりと準備をしましょう。

 次のような場合、あなたならどうしますか。

●待ち合わせの時間になっても相手が来ません。携帯電話もつながりません。

●初対面の相手と待ち合わせをします。スムーズに会うためにできることはありますか。

社外打ち合わせの事前準備

- □ 場所の確保（選ぶときは以下の点に気をつけましょう）
  - ＊BGMの音が大きい → 相手の声が聞こえにくくなる
  - ＊テーブルが小さい → 資料などを広げることができない
  - ＊隣の席との間隔がせまい → 打ち合わせ内容がほかの人にすべて聞こえてしまう
- □ 待ち合わせはわかりやすい場所にする（駅の改札口や、ホテルのロビーなど）
- □ 相手に打ち合わせ場所の地図や住所、待ち合わせ場所の詳細や目印などを伝える
- □ 当日すぐに連絡がとれるよう、携帯電話の番号も確認しておく（相手側にも伝えておく）
- □ 初めて行く場所であれば、事前に店内の様子や席などを確認する
- □ 資料は予備も用意しておく（足りなくてもすぐに印刷することができないため）

社外打ち合わせ当日

- □ 10分〜15分前には待ち合わせ場所に到着しておく
  - ➡会社のロゴや社名が書かれている封筒を持っていると目印になる
  - ➡直接店内で待ち合わせをする場合、相手が入ってきたときにわかるよう、入り口に顔を向けて待つ
- □ 飲み物などの注文は、打ち合わせをお願いした側がする
- □ 打ち合わせは注文したものがきてから始める（話が中断されないため）
- □ 話の内容が周囲にもれないよう、声の大きさに気をつける
  - ＊会社名や個人名など、個人情報などが特定されてしまわないようにしましょう
- □ 費用などの支払いはスマートに行う
  （相手がお手洗いに行っている間に払う／相手を見送ったあとに払うなど）
  - ＊相手側が支払った場合はその場できちんとお礼を言いましょう。
    帰社後、上司に報告し、上司からもお礼を伝えてもらうといいでしょう

確認クイズ

1 正しいものには○、正しくないものには×をつけましょう。

1 ＿＿＿ 寒くてコートを着て取引先の会社に向かったが、会社に入る前にコートをぬいだ。

2 ＿＿＿ 9時に取引先の会社に行くことになっているが、早く到着すると失礼なので9時5分に到着した。

3 ＿＿＿ 応接室に案内されたので、上座の席に座って待っていた。

4 ＿＿＿ 応接室で待っている間、PCの充電がきれていたので応接室の電源コンセントを使った。

5 ＿＿＿ 人を紹介する順番は、それぞれの関係性によって異なる。

6 ＿＿＿ カフェで打ち合わせをすることになったが、場所がわかりづらいので、駅で待ち合わせをした。

7 ＿＿＿ 当日使用する資料は、事前に相手側にメールで送り、印刷して持ってきてもらうようにする。

8 ＿＿＿ 打ち合わせ場所は、なるべくテーブルが広く、静かな場所を選ぶ。

9 ＿＿＿ 社外の打ち合わせでは、周りは知らない人ばかりなので、個人名を出しても問題ない。

10 ＿＿＿ ホテルのラウンジで打ち合わせをした場合、打ち合わせをお願いした側が飲み物代を払う。

2 実践しましょう。

1 以下の設定でお互いに紹介をしてみましょう。

設定1 ［自社側：①自分　②上司　　取引先：③担当者］
設定2 ［自社側：①自分　②上司　③部下　　取引先：④担当者］

2 紹介ができたら、そのあと名刺交換をしましょう。

第３章
仕事の基本

? メールの宛先にCcとBccがあり
ますが、何が違いますか。

　メールは、仕事をするうえで欠かせない**連絡手段**の一つです。とても簡単にやりとりできますが、文字によるコミュニケーションのため、相手に**誤解**を与えたり、**送信先**を間違えたりする可能性もあります。そのため、必要な情報をわかりやすく、簡潔に、失礼のないように送ることが重要です。

　また、コミュニケーションの基本は**対面**です。お礼を伝えたり、**お詫び**をしたり、きちんと気持ちを伝えたいときはメールではなく、直接会って伝えましょう。ビジネスメールはSNSや携帯メールとは異なります。メールのマナーや書き方をしっかりと理解し、上手に活用しましょう。

宛先（To/Cc/Bcc）の使いわけ

【To】：メールの内容に返信してほしい人のアドレスを入れる

　Toに入力されたアドレスは、ほかの受信者全員に表示される

　Toでメールを受け取った場合、必ず返信をする

【Cc（Carbon Copy）】：情報共有として読んでおいてほしい人のアドレスを入れる

　Ccに入力されたアドレスは、ほかの受信者全員に表示される

　Ccでメールを受け取った場合、内容によっては返信をする

【Bcc（Blind Carbon Copy）】：情報共有として読んでおいてほしい人のアドレスを入れる

　Bccに入力されたアドレスは、To、Cc、Bccの人には表示されない

　Bccでメールを受け取った場合、返信をする必要はない

メールのマナー

- □ 1件のメールに1つの案件
- □ 内容は必要最低限にして、長文にならないようにする
- □ 絵文字は使わない
- □ 急ぎの連絡では使わない（急ぎのときは電話で対応）
- □ メールを読んだら24時間以内に返信をする
- □ 添付データの容量に気をつける
- □ あいまいな表現を使わない
  - ➡「もう少し」や「あまり」などは、人によって理解が異なる
- □ 送信する前に、宛先、誤字脱字、添付ファイルの確認、内容、言葉づかいなどの確認をする
- □ 送信する時間に気をつける
  - ➡相手の会社の休業日や、営業時間外、勤務時間外に送ると相手が確認できないこともある

添付ファイル

- □ 容量が大きい場合（一般的に2MB以上）は、事前に送信相手に受信できる容量を確認してから送る
  - ➡PCや社内メールによっては、容量に制限があり、受け取れないこともある
- □ ウイルス対策ソフトなどを使い、セキュリティ対策をしっかりとする
- □ 添付ファイルがあることをメールの本文で伝える
  - ➡添付ファイルについての情報がなければ、ウイルスつきのメールだと思われてしまう
- □ 重要な情報が書かれたファイルにはパスワードをかける
- □ ファイル名は内容がわかるものにする

> パスワードは、ファイルを添付したメールの本文に書かず、別のメールに書いて送るようにしましょう。

3

メールの書き方

差出人	xxxxx@xxx.co.jp　羽鳥美有紀（○○株式会社）
宛先（To）	xxxxx@xxx.co.jp　野口桃子様（株式会社△△）
Cc：	
Bcc：	
件名	新商品サンプル発送のご連絡

株式会社△△
販売促進部　野口桃子様

いつもお世話になっております。
○○株式会社の羽鳥でございます。

この度は弊社商品をご検討いただき、ありがとうございます。
早速ですが、本日下記の通りサンプルを発送いたしました。

■商品名：○○○
■個数：10個

明日（○月○日）には、お手元に届くかと存じます。
また商品についてご不明な点などございましたら、
お気軽にご連絡ください。
直接ご説明に伺うことも可能でございます。

どうぞよろしくお願いいたします。

****
○○株式会社
営業部　羽鳥美有紀
〒000-0000 東京都○○区○○町1-2-3
TEL：03-0000-0000／FAX：03-0000-0000
Mail：xxxxx@xxx.co.jp
URL：http://www.XXXXXXXXXXX
****

①宛先
送信者は会社名も入れる。
宛名には「様」をつける。

②件名
用件がすぐにわかるものにする。

③宛名
会社名は（株）などと省略せず正式名称で書く。
会社名＋所属＋名前（フルネーム）様

④あいさつ
出だしのあいさつをする。メールでは、「拝啓」や「敬具」などの言葉は不要。

⑤本文
見やすいように段落ごとなどに1行スペースをあける。
宛名と本文の間も1行あける。
1行あたりの文字数は30字以内におさめると見やすい。

⑥結び
最後にあいさつをする。

⑦署名
送信者の会社名、所属、名前、住所、電話番号などの連絡先を入れる。

メールでよく使う表現

【はじめ】

一般的なあいさつ	「いつもお世話になっております」
	「大変お世話になっております」
初めてメールをするとき	「はじめてご連絡いたします」
	「はじめてメールを差し上げます」
紹介でメールをするとき	「（会社や所属名）の○○様からご紹介いただき、ご連絡しました」
その他	「早速のお返事ありがとうございます」
	「お返事が遅くなりまして、大変申し訳ございません」

3

【おわり】

一般的なあいさつ	「どうぞよろしくお願いいたします」
	「今後ともよろしくお願いいたします」
	「引き続きよろしくお願いいたします」
その他	「恐れ入りますが、○月○日までにお返事をいただけると幸いです」
	「お忙しいところ恐れ入りますが、ご連絡をお待ちしております」
	「ご対応のほど、よろしくお願い申し上げます」

 自分の署名を書いてみましょう。

確認クイズ

1 正しいものには○、正しくないものには×をつけましょう。

① ____ 急ぎの連絡があったので、件名に〔緊急〕と書いてメールをした。

② ____ メールの案件は、1つのメールで3つ以内にするのが基本である。

③ ____ メールを確認し、すぐに回答できない内容の場合、きちんと回答できるまでは返事をしない。

④ ____ メールを送る相手は仲のいい先輩だったので、絵文字を入れて送った。

⑤ ____ 添付ファイルの容量が大きかったので、事前に相手に承諾をもらってから圧縮して送った。

⑥ ____ 個人情報が入ったファイルを添付するので、パスワードを設定し、本文にパスワードを書いて送った。

⑦ ____ メールの本文が見やすくなるよう、1行は30字を超えたら改行するようにした。

⑧ ____ 大切なお客さまへのメールだったので、最初に「拝啓」、最後に「敬具」と書いた。

⑨ ____ 本文最後の署名には、名前だけではなく、会社名や連絡先も書く。

⑩ ____ 昼間送ったメールにファイルを添付し忘れていたことに気がついたので、深夜だったがファイルだけ再送した。

2 次の設定でメールを送ってみましょう。

① 中村さんに送るメールを、情報共有のために田中部長にも送りたいときはどのように宛先を入れますか。アドレスを入れる箇所に名前を書きましょう。

To	
Cc	
Bcc	

② 中村さんに送るメールを、情報共有のために佐藤さんと田中部長にも送りたいです。ですが、田中部長に送ったことは佐藤さんに知られたくありません。どのように宛先を入れますか。アドレスを入れる箇所に名前を書きましょう。

To	
Cc	
Bcc	

3　次の設定でメールを作成してみましょう。

送信者：株式会社○○ **法人**営業部　自分の名前

宛先：○○株式会社　**企画部**　野口桃子

内容：次回の打ち合わせ日程を5月10日（月）から5月17日（月）13時、もしくは18日（火）10時に変更してほしい

To	
件名	

3

2 ビジネス文書の基本

? ビジネス文書にはどのようなものが
ありますか。

　企業は、さまざまな情報を**文書**にします。それは、電話や**口頭**だと**言い間違い**や**聞き間違い**が起こるからです。ビジネスでは小さな間違いが、大きなトラブルの原因となることもあるので、きちんと文書として**記録**しておきます。

　そして、ビジネス文書は一度に多くの人へ情報を伝えることができるので、だれが読んでもわかりやすい文章にしなければなりません。正しく伝えるためにも、書き終わったら必ず上司に確認してもらいましょう。

 文書ツールには、紙媒体、メール、FAXがあります。
それぞれメリットとデメリットから役割を考えてみましょう。

	メリット	デメリット
紙媒体		・送るのに時間がかかる
メール	・都合のよいときに見てもらえる	
FAX		・受信相手以外も見ることができてしまう

ビジネス文書の種類

【社内文書】

☐ 社内の人を対象にした文書で、主に業務連絡や報告を行う際に使われる
（提案書、計画書、稟議書、報告書、指示書、業務連絡、通達、辞令など）

☐ 用件のみを書き、簡潔に、期限を守って作成する

☐ 頭語や時候のあいさつは入れない

【社外文書】

☐ 社外の人を対象にした文書のため、失礼や間違いのない文面でなければならない
（請求書、注文書、依頼書、抗議状、領収書、礼状、招待状、紹介状など）

☐ 会社と会社とのやり取りになるため、礼儀正しく、ていねいな文章にする

☐ 頭語や時候のあいさつ、結語を入れる

ビジネス文書のルール

☐ 1つの文書に1つの用件

☐ 基本的にA4一枚にまとめる（詳細などは別紙にまとめる）

☐ 件名は、何についての文書なのかがすぐにわかるものにする

☐ 簡潔でわかりやすい文書にするため、先に結論を書き、そのあとに詳細を書く

☐ 正しい敬語を使って、失礼のない表現にする

☐ 文章はなるべく短くし、箇条書きにするなどして読みやすい形式にする

☐ 間違った場合は、修正テープなどで修正せず、もう一度作成する

ポイント｜ビジネス文書の取り扱い

☐ 極秘：特定の人以外に見せたり内容を話したりしてはいけない

☐ 部外秘：特定の部の人以外に見せたり内容を話したりしてはいけない

☐ 社外秘：社員以外に見せたり内容を話したりしてはいけない

3 ビジネス文書の書き方

? 相手先の名前を書くときは「○○様」と書きますが、会社名も「様」をつけますか。

　ビジネス文書は、基本となる**書式**(テンプレート)を用意しておくと、効率よく作成することができます。なぜなら、そのテンプレートは目的に応じて、内容や表現を変えるだけで何度も使うことができるからです。ビジネス文書でしか使わないような特別なあいさつ表現などは、表現例を活用し、作成するとよいでしょう。

　作成するときは、用件を簡潔にまとめるために、5W1H（When：いつ／Where：どこで／Who：だれが／What：何を／Why：なぜ／How：どのように）に気をつけることが重要です。より正確で**詳しい**文書を作りたいときは、さらに2つ**加えて**5W3H（5W1H＋How much：いくら／How many：いくつ）にするとよいでしょう。また、ビジネス文書は**公式文書**のため、お礼状などの**社交文書**を**除き**、**個人的**な感想を書いてはいけません。

　最後にビジネス文書が完成したら、印刷をして書式がずれていないか、誤字脱字がないか確認をしましょう。メールで送る場合は、**受信側**によって書式がずれないように、PDFにして送るようにしましょう。

ビジネス文書でよく使う表現

【頭語・結語】

場面	頭語	結語
よく使われる表現	拝啓	敬具
丁寧な表現	謹啓 （きんけい）	謹白 （きんぱく）
返信するとき	拝復 （はいふく）	敬具
急用（きゅうよう）のとき（急ぎなので「前の文を省略します」という意味）	前略 （ぜんりゃく）	草々 （そうそう）

＊「前略」は前文や季節のあいさつを省略することなので、基本的に社外文書で使うと失礼になります

【敬称（けいしょう）】

対象	書き言葉（ビジネス文書）	話し言葉
一般企業	貴社（きしゃ）	御社（おんしゃ）
学校	貴校（きこう）	御校（おんこう）
銀行	貴行（きこう）	御行（おんこう）
店舗（てんぽ）（名称が「○○店」の場合）	貴店（きてん）／（事業者名）様	御店（おんてん）／（事業者名）様
協会（きょうかい）	貴協会（きこうかい）	御協会（おんきょうかい）

対象	敬称	例
個人名	様（さま）／殿（どの）	野口桃子様／田中太郎殿
会社名／団体名	御中（おんちゅう）	○○会社御中／○○市役所○○課御中
複数名	各位（かくい）	関係者各位（かんけいしゃ）／ご担当者各位（たんとうしゃ）

【相手を気遣（きづか）うあいさつ】

「貴社ますますご清栄（せいえい）のこととお慶（よろこ）び申し上げます」

清栄：相手の健康（けんこう）と発展（はってん）や繁栄（はんえい）

「貴店いよいよご発展（はってん）のこととお喜（よろこ）び申し上げます」

【感謝のあいさつ】

「日頃（ひごろ）は何かとご愛顧（あいこ）をいただき、誠にありがとうございます」

愛顧：客がひいきにする

「平素（へいそ）は格別（かくべつ）のご高配（こうはい）を賜（たまわ）り、厚（あつ）くお礼申し上げます」

平素：いつも、普段

【末文（まつぶん）】

高配：心配（こころくば）り、心遣（こころづか）い、思いやり

「今後ともよろしくお願い申し上げます」

「何卒（なにとぞ）変わらぬご愛顧をお願い申し上げます」

何卒：ぜひ

社内文書の書き方

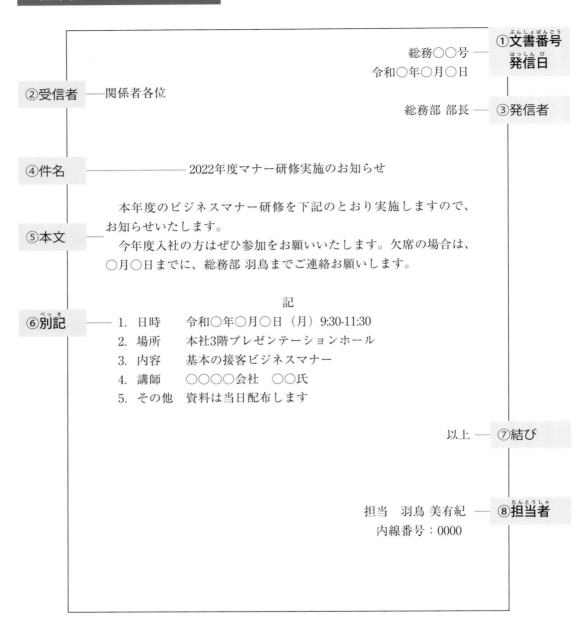

① **文書番号**
発信日
総務○○号
令和○年○月○日

② **受信者** ——関係者各位

③ **発信者**
総務部 部長

④ **件名** ——————2022年度マナー研修実施のお知らせ

⑤ **本文** ——
　本年度のビジネスマナー研修を下記のとおり実施しますので、お知らせいたします。
　今年度入社の方はぜひ参加をお願いいたします。欠席の場合は、○月○日までに、総務部 羽鳥までご連絡お願いします。

　　　　　　　　　記

⑥ **別記** ——
1. 日時　　令和○年○月○日（月）9:30-11:30
2. 場所　　本社3階プレゼンテーションホール
3. 内容　　基本の接客ビジネスマナー
4. 講師　　○○○○○会社　○○氏
5. その他　資料は当日配布します

⑦ **結び**
以上

⑧ **担当者**
担当　羽鳥 美有紀
内線番号：0000

①文書番号、発信日（右上）

- 文書番号は、会社によってルールが異なるので確認が必要
- 文書を発信する日付（配布したり公開したりする日）を書く
  ＊作成した日ではない

②受信者（発信者の上、左）

- だれに対して発信するものなのかを書く（＊必要に応じて役職や部署なども書く）
- 敬称：個人「○○○○様」/ 部署などの社内組織「人事部御中」/ 複数人「各位」

③発信者（受信者の下、右）

- 所属と役職名のみか、個人名を入れるかなどは文書の内容によって判断する

④件名（発信者の下、中央）

- 内容がすぐにわかる件名にする

⑤本文（件名の下、一行あけて左から）

- 文章の始めは一文字あける
- あいさつ文は書かず、すぐに本題に入る

⑥別記（内容の下、一行あけて中央に「記」）

- 具体的な内容を箇条書きで書く
- 日時や場所などに間違えがないか確認すること

⑦結び（別記の下、右）

- 文章の最後に「以上」と書く

⑧担当者（右下）

- 担当者がいる場合は、担当者の名前と連絡先を書く

3

社外文書の書き方

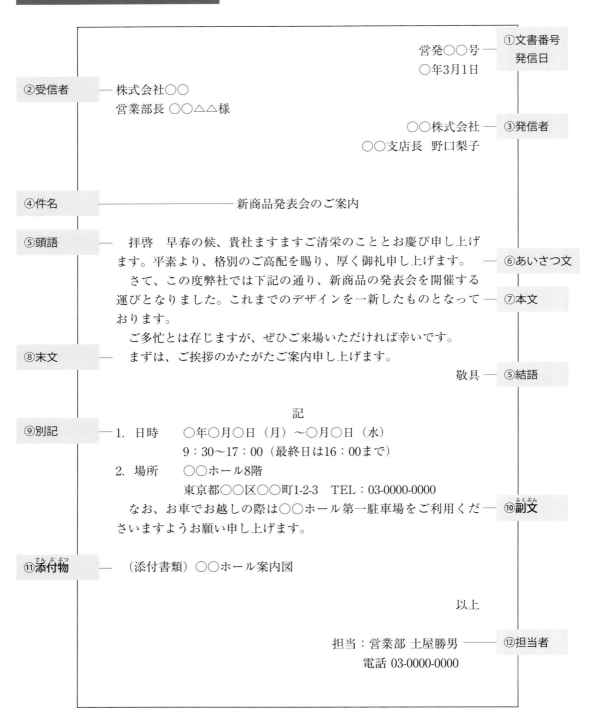

①文書番号
発信日
営発〇〇号
〇年3月1日

②受信者
株式会社〇〇
営業部長 〇〇△△様

③発信者
〇〇株式会社
〇〇支店長 野口梨子

④件名
新商品発表会のご案内

⑤頭語
拝啓 早春の候、貴社ますますご清栄のこととお慶び申し上げます。平素より、格別のご高配を賜り、厚く御礼申し上げます。 ⑥あいさつ文

さて、この度弊社では下記の通り、新商品の発表会を開催する運びとなりました。これまでのデザインを一新したものとなっております。 ⑦本文

ご多忙とは存じますが、ぜひご来場いただければ幸いです。

⑧末文 まずは、ご挨拶のかたがたご案内申し上げます。

敬具 ⑤結語

記

⑨別記
1. 日時 〇年〇月〇日 (月) ～〇月〇日 (水)
9：30～17：00 (最終日は16：00まで)
2. 場所 〇〇ホール8階
東京都〇〇区〇〇町1-2-3 TEL：03-0000-0000

なお、お車でお越しの際は〇〇ホール第一駐車場をご利用ください ⑩副文
ますようお願い申し上げます。

⑪添付物 (添付書類) 〇〇ホール案内図

以上

担当：営業部 土屋勝男 ⑫担当者
電話 03-0000-0000

①文書番号、発信日（右上）

- 文書番号は、会社によってルールが異なるので確認が必要
- 文書を発信する日付を書く

②受信者（発信者の上、左）

- だれに対して発信するものなのかを書く（＊役職や部署なども必要に応じて書く）
- 敬称：個人名「○○○○様」／会社、団体などの組織「○○株式会社御中」／複数人「各位」

③発信者（受信者の下、右）

- 所属と役職名のみか、個人名を入れるかなどは文書の内容によって判断する

④件名（発信者の下、中央）

- 内容がすぐにわかる件名にする

⑤頭語・結語（頭語は本文始め、結語は本文終わり右）

- 頭語と結語はセットで使う
- 頭語の後は一文字あけるか、次のあいさつ文は改行する

⑥あいさつ文（頭語のあと）

- 決まった書き方があるので、それを使って時候（季節）のあいさつや日頃の感謝を伝える

⑦本文（あいさつ文に続ける）

- 書き出しは一文字あける

⑧末文

- まとめのあいさつ
- 本文のあと、改行し、一文字あけてから書く

⑨別記（本文の下、一行あけて中央に「記」）

- 具体的な内容を箇条書きで書く
- 日時や場所などを間違えないように何度も確認をすること

⑩副文

- 追加で伝えたいことを簡潔に書く

⑪添付物

- 同封する書類やファイルなどがあれば書く

⑫担当者（右下）

- 担当者がいる場合は、担当者の名前と連絡先を書く
- 社外からの問い合わせになるため、外線番号を書く

【時候のあいさつ】

月	漢語表現	和語表現
1月	新春の候／迎春の候	厳しい寒さが続いておりますが
2月	立春の候／春寒の候	本格的な春の訪れが待ち遠しい今日この頃
3月	早春の候／春分の候	ひと雨ごとに春めいて参りました
4月	仲春の候／桜花の候	春たけなわの季節となりました
5月	新緑の候／立夏の候	新緑の鮮やかな季節となりました
6月	梅雨の候／初夏の候	梅雨に入りうっとうしい季節となりました
7月	猛暑の候／盛夏の候	連日の厳しい暑さが続いておりますが
8月	残暑の候／晩夏の候	残暑なお厳しい折から
9月	初秋の候／新秋の候	朝夕は涼しくなってまいりましたが
10月	仲秋の候／錦秋の候	日増しに秋も深くなってまいりましたが
11月	晩秋の候／落葉の候	立冬とはいえ暖かな日が続いておりますが
12月	師走の候／寒冷の候	本年も残すところわずかとなりましたが

確認クイズ

1　正しいものには○、正しくないものには×をつけましょう。

1　＿＿＿　ビジネス文書は簡潔にまとめるため、敬語は使わず、すべて普通体（ふつうたい）で書く。

2　＿＿＿　社内文書もビジネス文書なので、時候のあいさつは必ず入れなければならない。

3　＿＿＿　紙面（しめん）右上に書く日付は、その文書を発信する日である。

4　＿＿＿　件名は、内容がすぐにわかるものにする。

5　＿＿＿　社外文書では、結語は別記のあとに書く。

6　＿＿＿　会社名が長いので、「株式会社○○○○」を「（株）○○○○」と書いた。

7　＿＿＿　ビジネス文書の受信者が13名いたので、全員の役職と名前を書いた。

8　＿＿＿　社内文書で、詳細などの添付書類が別にある場合は、そのことを書面（しょめん）に書く。

9　＿＿＿　書面右下には、文書を作成した人の名前と連絡先を書く。

10　＿＿＿　ビジネス文書は公式な文書のため、文書番号を入れて管理することが一般的である。

2　次の設定で社外文書を作成してみましょう。

［設定］　発信者：○○株式会社　支店長　高橋広美

受信者：株式会社○○　営業部　野口加奈子

発信日：2021年5月19日

内容：今度、弊社（○○株式会社）の全商品を紹介する展示会（てんじかい）を行うので、ぜひ取（とり）引先（ひきさき）である株式会社○○にも見に来てほしいという内容の文書。その展示会は、2021年8月10日から16日までで、時間は朝9時から15時までを予定している。16日だけは、朝9時から17時まで開催（かいさい）する。場所は、弊社5階の大ホールで、会場の案内図（あんないず）を同封する。この展覧会の担当者は、営業本部の羽鳥美有紀、連絡先は0475-00-0000である。

❓ 相手から顔が見えないのに、上司から
「笑顔で電話に出て！」と言われました。
なぜですか。

　電話は日々の業務で欠かせないコミュニケーションツールの一つです。電話を受けた人の印象が会社のイメージを左右（さゆう）します。 そのため 、いつも自分が会社の「顔」であることを意識することが大切です。会ったことのない相手にとって、声や受け答えの仕方だけで第一印象が決まってしまうので、相手に自分の姿が見えないからと思って**油断せ**ず、対面以上にていねいな**応対**をするように**心がけましょう**。

　 また 電話応対では、社内の人に対する敬称の使い方に注意が必要です。社外から電話があった場合、社外の人に対して社内の人のことを「（役職名）の（名前：呼び捨て）」と言います。社外の人に対して、同じ会社の人のことを「中村課長」や、「田中さん」などといった呼び方はしません。

（例）社外の人に対して話すとき

　　○「課長の中村は、ただ今**席をはずしております**」

　　×「中村課長は、ただ今席をはずしていらっしゃいます」

106

電話応対の基本

□ 姿勢を正して、明るく、口をはっきり開けて話す

□ ほかの作業をしながら応対しない

□ メモをとり、内容は必ず復唱し、間違いがないか確認する

□ 通話料金がかかっているということを意識し、用件を簡潔にまとめて話す

ポイント　伝え方

● 電話番号の「－（ハイフン）」は「の」と言います

（例）09－1234－5678　「ゼロキュウのイチニサンヨンのゴロクナナハチ」

020－1234－5678　「ゼロニゼロのイチニサンヨンのゴロクナナハチ」

● 数字を伝えるときは、誤解のないような読み方をします

数字	○	×	理由
4	よん	し	「7（しち）」と間違える
7	なな	しち	「1（いち）」と間違える

番号の言い方を練習しましょう。

①703－489－027
②140－637－814

携帯電話のマナー

□ 公共の場ではマナーモードにする

□ 話すときは、周囲の迷惑にならないよう、声の大きさや話す場所に気をつける

□ 周囲の人に聞かれているという意識をもち、話す内容に注意する

□ 歩きながら携帯電話を操作しない

□ 会社から支給されている携帯電話は私用で使わない

□ 発信するときは、必ず携帯番号が表示されるようにする（非通知でかけない）

□ 個人の携帯番号は、本人の許可なくほかの人に教えてはいけない

5　電話の受け方

?　電話が鳴っています。何コール以内に出なければいけませんか。

　電話応対が苦手だとしても、相手を待たせないように積極的に電話をとりましょう。基本的に電話は3コール以内にとり、ていねいにあいさつをします。特に、会社名、部署名、名前は相手がはっきりと聞き取れるように話します。また、電話を受けたらすぐにメモがとれるように、メモ用紙とペンはいつも準備をしておくとよいでしょう。

　電話を**取り次ぐ**ときは、**保留**ボタンを押し、相手を待たせないように**迅速**に取り次ぎましょう。もし、取り次ぐ相手が不在のときは、後ほど電話があったことを本人に伝えるために、以下の情報をメモしておきましょう。

　[相手の会社名／名前／連絡先／用件／電話を受けた時間／電話を受けた人の名前]

電話を受けたら、どのように取り次ぎますか。
[A：電話を受ける側（A会社）／B：電話をかける側（B会社）]

A：「　　　　　　　　　　　　　　　　　　　　　　」←電話に出る

B：おはようございます、B会社の和田でございます。

A：「　　　　　　　　　　　　　　　　　　　　　」←あいさつをする

B：恐れ入りますが山田部長はいらっしゃいますか。

A：「　　　　　　　　　　　　　　　　　　　　　」←山田部長に取り次ぐ

受け方の基本の流れ

電話に出る 3コール以内 メモを準備	「はい」 ＊朝10時ごろまで　「おはようございます」 ＊呼び出し音が3回以上鳴ってから受ける場合　「お待たせいたしました」

↓

名乗る	「○○会社の（名前）でございます」／「○○会社でございます」

↓

相手の確認 あいさつ	「△△社の(相手の名前)様でございますね。いつもお世話になっております」 ＊聞き取れなかった場合　「恐れ入りますが、お名前をもう一度お願いできますでしょうか」 ＊相手が名乗らない場合　「失礼ですが、どちら様でしょうか」

↓

取り次ぎ	「ただいま○○(取り次ぐ相手)と代わりますので、少々お待ちください」 「○○課の○○(取り次ぐ相手)でございますね。かしこまりました。少々お待ちください」

→ **相手が不在**

●席にいないとき（お手洗いなど）
「あいにく○○(取り次ぐ相手)は席をはずしております。戻りましたら、こちらからご連絡をいたしましょうか」
●電話中のとき
「申し訳ございません。ただ今○○(取り次ぐ相手)はほかの電話に出ております。終わり次第、こちらからお電話差し上げましょうか」
●外出中のとき
「申し訳ございません。ただ今○○(取り次ぐ相手)は外出しております。午後3時ごろには戻る予定ですが、いかがいたしましょうか」
●会議中のとき
「○○(取り次ぐ相手)はただ今会議中でございます。終わり次第こちらからご連絡をいたしましょうか」
●出社していないとき
「○○(取り次ぐ相手)は本日不在にしております。明後日○○日には出社いたします」
＊旅行や病気など、休んでいる理由を伝える必要はない
●代わりに用件を聞く場合
「よろしければ、わたくしがご用件を伺いますが…」

↓

用件の確認 復唱	「復唱いたします」／「確認させていただきます」 「……ということでございますね」／「……でよろしいでしょうか」

↓

最後のあいさつ	「わたくし、（自分の名前）が承りました。それでは失礼いたします」 「お電話ありがとうございました」／「失礼いたします」

↓

電話をきる	相手がきってからきる

6 電話のかけ方

? 電話だと、自分の伝えたいことがうまく伝えられません。どうすればいいですか。

　電話をかけるときは、必ず相手の都合（つごう）を確認したうえで話をするようにしましょう。そして、会社の始業・終業時間の前後（ぜんご）や、お昼休みの**時間帯**（じかんたい）などは迷惑になってしまうので、それ以外の時間にかけるようにしましょう。

　また、電話をかける前に用件を整理し、メモしておくと簡潔に話すことができ、伝え（つた）忘れ（わす）なども**防ぐ**（ふせ）ことができます。実際に電話で話すときは、結論（けつろん）から言うようにすると、相手も用件が聞きとりやすくなります。

 電話をかけたとき、次のような状況になったら何と言いますか。

●番号を間違えたようで、知らない人が電話に出た

●相手の声が小さくてよく聞こえない

かけ方の基本の流れ

電話をかける	用件を事前に整理し、メモを準備する

あいさつ 名乗る	「おはようございます。○○会社の（名前）でございます」 「○○会社の（名前）でございます。いつもお世話になっております」

取り次ぎを頼む	「恐れ入りますが、○○課の○○様はいらっしゃいますか」

（相手が出る）再度あいさつ

用件を話す	「○○の件でお電話したのですが、今お時間よろしいでしょうか」 （例）「明日の会議場所の件ですが、予定しておりました3階ではなく5階に変更になりました」

確認する	「ご不明な点はございませんか」 （例）「では、明日は5階A会議室にて、よろしくお願いいたします」

最後のあいさつ	「それではよろしくお願いいたします。失礼いたします」 「失礼いたします」 「ありがとうございました」

電話をきる	＊基本的に電話をかけたほうが先にきる。しかし、相手がお客様や取引先の場合は、相手がきったことを確認したうえで、電話をきる

3

1 正しいものには○、正しくないものには×をつけましょう。

1 ＿＿＿ 電話はコストがかかっていることを意識し、簡潔に話せるように要点を事前にまとめておく。

2 ＿＿＿ 電話応対のときは、相手から姿が見えてないので、ほかの仕事をしながら話を聞いてもよい。

3 ＿＿＿ 取引先のお客様に上司と急いで連絡をとりたいと言われ、上司の許可なく個人携帯の番号を教えた。

4 ＿＿＿ 電話は受ける人で印象が決まってしまうので、自信がないときは出ないようにする。

5 ＿＿＿ 電話は3コール以内に出るようにする。

6 ＿＿＿ 電話で相手が名乗らないときは、失礼になるので名前を確認しないほうがよい。

7 ＿＿＿ お手洗いで電話に出られないときは、「ただいまお手洗いなので、戻ったらかけ直します」と伝える。

8 ＿＿＿ 電話をかけるときは、相手のことを考え、昼休みの時間帯は避けるようにする。

9 ＿＿＿ 社外の人に、「ただいま、山田社長は席をはずしております」と言った。

10 ＿＿＿ 電話を切るときは、お客さまの立場の人があとから切る。

2 次の設定で電話の受け答えの練習をしましょう。

［A：にほん商事の人　B：さくら会社の人］

1 電話が鳴る

A：電話をとる → 名乗る

B：名乗ってあいさつをする → 山田部長がいるか聞く

A：山田部長は会議中で、会議が終わったらかけ直すと伝える → 連絡先を確認する

B：連絡先（00-1234-5678）を伝える

A：電話番号を復唱して確認する

B：最後のあいさつ

A：最後のあいさつ

2　電話が鳴る

A：電話をとる → 名乗る

B：名乗る → 中田課長に代わってほしいと言う

A：会社名と名前を確認して、お世話になっているというあいさつをする
　中田課長は外出していて午後4時に戻ると言い、どうするかを聞く

B：明日の待ち合わせの場所が駅の南口から北口に変更になったことを伝えてほしい
　とお願いする

A：伝言を復唱して確認する

B：最後のあいさつ

A：最後のあいさつ

3

7 会議の基本

(?) 会議の準備を任されました。
何を準備すればいいのでしょうか。

　会議は、社内の人だけで行うものや、社外の人も参加するもの、また、人数も少人数から大人数のものなど、目的によって大きく変わります。会議の準備は決して難しいことではありませんが、時間に余裕をもって行いましょう。

　そして、会議に参加する立場のときは、積極的に発言し、自分の意見をしっかりと伝えられるように準備をしておきましょう。どちらの立場であっても、会議に参加するということは、何かしらの役割があるということを忘れてはいけません。

　また、会議では議事録をとります。議事録とは、会議の内容をまとめ、それを参加者や関係者に共有するために記録したものです。会社によって、議事録の書式が決まっていることがあるので、議事録の作成を頼まれたら事前に確認しておきましょう。基本的には、以下のような項目を記録します。

【議事録の項目】

- 会議名、会議の目的や趣旨
- 会議日、場所、時間、参加者
- 会議の内容（決定したことや質疑応答の内容も含める）➡だれが発言をしたのかも書く
- 補足事項
- 次回会議の予定（日時や場所など）
- 議事録を作成した日時と作成者の名前

会議の準備

【前日まで】

- ☐ 日時、場所、人数を確認して、会議室を予約する
- ☐ 食事の時間に重なる場合は、食事を準備するのか確認する
  - ➡必要であればお弁当やお店を予約しておく
- ☐ 会議で使う機器の準備（PC、プロジェクター、マイク、ホワイトボードなど）
- ☐ 配布する資料の準備

【当日】

- ☐ 会議室の清掃、備品や空調の確認
- ☐ 机や椅子の準備 → 席次の確認（だれがどこに座るか）
- ☐ 使用機器の確認
- ☐ 飲食の準備
- ☐ 資料の準備

> 資料や飲み物、食事などは、参加人数よりも多めに準備しておきましょう。

会議のマナー

- ☐ 時間を守る
- ☐ 席次に気をつける
- ☐ 携帯電話はマナーモードにするか電源をきる
- ☐ 会議中に席を立たないように、お手洗いなどは事前にすませておく
- ☐ 姿勢を正し、発言している人の顔を見てしっかりと話を聞き、必要に応じてメモをとる
- ☐ 発言をするときは、手をあげてから発言をする
- ☐ 意見を求められたときは、必ず自分の意見を言う（何も意見を言わないのは失礼）
- ☐ 話をするときは、考えをまとめ、参加者全員が聞こえる声の大きさではっきりと話す
- ☐ 会議の内容を録音・録画するときは、参加者に必ず許可をとる

8 プレゼンテーション

新商品の提案

? プレゼンの資料が長くて見づらいと言われました。どうしたらいいですか。

ビジネスパーソンとして、**プレゼンテーション**（略して「**プレゼン**」という）は必須のスキルです。社内・社外問わず、プレゼンを行う機会は多くあります。たとえすばらしい商品だとしても、そのすばらしさが相手に伝わらなければ意味がありません。そのため、資料や**スライド**作成はとても重要です。資料ができたら、発表時間を意識して何度も練習しましょう。誰かに聞いてもらったり、録画をしたりして、**客観的**に確認するといいでしょう。

【プレゼンの流れ】

はじめに **導入で聞き手をひきつける**

- ☐ あいさつをして、**テーマ**や目的を簡潔に伝える
- ☐ プレゼンの構成が長い場合は、最初に**目次**などを見せ、聞き手に全体のイメージを把握してもらう

メイン **要点をストーリー展開で論理的に伝える**

- ☐ ストーリー展開とは

〔現状の課題〕 → 〔その原因〕 → 〔解決策〕 → 〔結果の予測〕

| なんで？ | だからどうする？ | そうしたらどうなる？ |

さいごに **まとめと質疑応答**

- ☐ もう一度いちばん伝えたいことを話す（**主張**を繰り返す）
- ☐ 質疑応答では、聞き手の**疑問**に答え、理解を**深めて**もらい、**満足感**を高める
- ☐ 終わりのあいさつをする

プレゼンの基本

- プレゼンの目的を明確にする
- プレゼンの構成は［序論→本論→結論］
- 伝えたいことはシンプルにする
- 資料は見てすぐ、伝えたいことがわかるものにする
- 資料は要点だけ記載し、プレゼンのときに自分の言葉で説明をする

プレゼンのテクニック

- 専門用語などは使わず、誰が聞いてもわかる言葉を使う
- 口を大きく開けて、はっきりと話す
- 背筋を伸ばし、表情を豊かにする
- 聞き手の表情や反応を確認しながら進める
- 「えっと…」、「あの〜」などの間をつなぐだけの言葉を言わない
- ジェスチャーを効果的に使う
- 話がテーマからそれないようにする
- 声のトーンを変えたり、間を入れたりする
  ➡ 重要なことを話す前や、聞いてほしいことを言う前に、あえて間をとって注目してもらう

スライド作成

- 1ページに1つのメッセージだけにする
- 必要な情報だけにし、関係のない写真やイラスト、図や表はのせない
- 基本的に左から右、上から下に見るようなレイアウトにする
- 文字の大きさやフォントを工夫する
- スライドは原稿ではないので、書いてあることだけを読まない
- スライドで使用する色は3色にまとめると見やすく、効果的である
  ベースカラー：背景は白や薄い色にする
  　　　　　　（背景が黒で文字が白の場合、光の反射で見えなくなることもある）
  メインカラー：スライド全体のテーマとなる色。会社や商品のテーマカラーを使うと効果的
  アクセントカラー：強調したい部分に使う。メインカラーと対照の色にするとよい
- スライド全体に文字や写真、図や表を入れるのではなく、空白も活かす

確認クイズ

1 　正しいものには○、正しくないものには×をつけましょう。

1 ＿＿＿ 会議が11：30からだったので、昼食の準備が必要か上司に確認をし、お弁当の予約をした。

2 ＿＿＿ 会議室では、早く入室した人から奥の席に座っていく。

3 ＿＿＿ 社内のミーティングで意見を求められたが、何もなかったので「特にありません」と答えた。

4 ＿＿＿ 会議中でも急用で連絡がくることもあるので、携帯電話の着信音を最大にして机の上に置いておいた。

5 ＿＿＿ 質問があったので、手をあげて許可を得てから話した。

6 ＿＿＿ 会議に参加するときは、話し手の目をしっかり見て聞かないと失礼になるので、メモはとらないほうがいい。

7 ＿＿＿ 議事録作成のために会議の音声を録音したが、自分だけしか聞かないので参加者の許可はとらなかった。

8 ＿＿＿ プレゼンをするとき、言いたいことがすべて伝わるように、スライドに話す文章をすべてのせた。

9 ＿＿＿ プレゼンのときは、専門用語を使わないようにする。

10 ＿＿＿ 会社のテーマカラーが青だったので、スライドのメインカラーは青にし、アクセントカラーは赤にした。

2 　次の問いに答えましょう。

1 企画会議で企画をプレゼンします。〔テーマ：あったら便利なもの〕で企画を考え、企画案をスライドにまとめましょう。

2 作成した企画をもとに、企画会議を開きましょう。

【会議の進め方】
①担当者を決める（担当者1：会議の司会、進行／担当者2：議事録作成）
②会議開始のあいさつ
③参加者のプレゼンテーションを順番に行う → 質疑応答
④検討して、企画を一つ選ぶ
⑤会議終了　＊選ばれた企画をぜひ実行にうつしてみましょう！

第4章
異文化理解

UNIT1　異文化理解
UNIT2　日本のしきたり
UNIT3　食事のマナー
UNIT4　個人宅訪問

企業理念
1
2
3

1 異文化コミュニケーション

? 上司が隣で「暑いなー、暑いなー」と言っています。あなたならどのような行動をとりますか。

日本のコミュニケーションの特徴の1つとして、「自分の考えや意見をはっきり言わない」ということがあげられます。これは、自分の意見がないのではなく、相手のことを考えて譲り合うことを大切にしているからです。意見が合わないときは、相手に嫌な思いをさせたり傷つけたりしないよう、直接的な表現は避け、あいまいに言います。すべては、人間関係をこの先もずっとよい状態で保ちたいという思いからきているのです。そのため、自分の意見をはっきりと伝え、ほかの人との意見の違いを明確にするようなコミュニケーションの文化とは異なります。

仕事をするうえで、このようなコミュニケーションの特徴を理解し、お互いに誤解がないよう、しっかりと確認しながら仕事を進めましょう。

📋 次の表現の読み方と意味を調べてみましょう。

●「阿吽の呼吸」

読み方：

意味：

●「以心伝心」

読み方：

意味：

察しの文化

「察する」とは、その場の雰囲気、相手の表情や態度、会話の中などから隠された事情や状態、状況を感じ取るということです。

次の会話を見てみましょう。

> 先輩：「急にデータ入力を頼まれたけど、他の仕事もあって手が回らないんだよねー」
>
> 後輩：「では、データ入力をお手伝いしましょうか」

これを見ると、先輩は直接後輩にデータ入力の仕事を頼んでいません。しかし、後輩は先輩が大変だということを察して、自分が手伝うことを申し出ました。これが「察する」ということです。言葉で表現するコミュニケーションの文化であれば、「急にデータの入力を頼まれたけど、他の仕事もあって手が回らないから、入力を手伝ってくれる？」とお願いをします。察することをしない場合は、先輩の話に対して、「それは大変ですねー」など、手伝いを申し出ることはしません。

言葉で表現するコミュニケーション　　　　　　言葉に依存しないコミュニケーション

（ドイツ　オランダ　アメリカ　ロシア　中国　ベルギー　フランス　ラテンアメリカ　インド　イギリス　東南アジア　アフリカ　日本）

パーソナルスペース

名刺交換をするときや、話をするときなど、相手との距離感はとても大切です。

人には、他の人に近づかれて不快に感じる空間があります。その空間は、性別、年齢、文化的背景、人間関係などによって異なります。その距離感を知らないと、相手に不快な思いをさせてしまうことがあるので気をつけましょう。

公衆距離
社会距離
個体距離
密接距離
〜45 〜122 〜366 〜762 cm

親しい同僚や友人であれば「個体距離」でいいですが、上司や他社の人などが相手のビジネス場面では、一般的に「社会距離」をとります。

2 企業文化

❓ 私の会社には、朝礼や朝の体操が
あります。何のためにするのですか。

　会社には会社ごとに「企業文化」というものがあります。**大手**(おおて)自動車会社にも有名な**ア**
パレルメーカーにも、それぞれ「企業文化」があります。「企業文化」とは、企業とそこ
で働く人との間で共有されている**価値観**(かちかん)のことです。そのなかには働き方や行動のしかた、
決まりごとなども含まれます。企業内には、さまざまな部署があり、異なる**職種**(しょくしゅ)で働く人
がいます。そのような人たちを企業全体でまとめ、みんなで同じ目標に**向**(む)かって仕事をし
ていくためには、**統一**(とういつ)された価値観をもつことが必要です。企業文化が**確立**(かくりつ)されていると、
一人一人が**共通**(きょうつう)の目標に向かって何をしなければならないのか、どのようにしたら会社に
貢献(こうけん)できるのかを考えるようになります。そのことが強い**組織**(そしき)作りにつながるのです。

　また、共通の価値観を意識づけるために、朝礼や研修など会社**独自**(どくじ)の取り組みをする
ところもあります。企業文化を大切にするというのは日本企業の一つの**特色**(とくしょく)であると言え
ます。

 強い組織を作るために、みなさんだったらどのようなことをしますか。

朝礼

朝礼とは、業務開始時に社員が集まって、あいさつや業務連絡などを行うことです。仕事を円滑に行うためのコミュニケーションの場でもあります。

【目的】

□ 気持ちを**切り替える**
　➡出社して、「これから仕事をするぞ！」という気持ちにする
　（例）大きな声で挨拶 / 体操を実施する

□ 業務連絡などの情報を共有する

□ 同じ価値観、同じ目標をもっていることを**再認識**する
　（例）企業**理念**の唱和 / 経営方針の確認

□ 一人一人の**モチベーション**を高める
　➡その日の目標や担当業務などを明確にし、やる気を**促す**
　（例）社員の表彰 / **目標達成率**の発表 / 1分間スピーチ

研修制度

企業によってさまざまな研修制度があります。社員一人一人のスキルアップを**図る**ために、会社が**全面的**に**サポート**をする制度です。個人の能力があがると、結果的に企業全体の業績**向上**につながるのです。研修には、社内で行う社内研修のほか、社外研修やe-learningを使った研修などもあります。

【研修の例】

□ 新人研修
　➡入社したばかりの社員を対象に、企業理念や目標の理解、基本的なビジネスマナーなどを**習得**する

□ OJT（On the Job Training）
　➡実際の業務をしながら仕事を覚えていく研修方法

□ OAスキルアップ研修
　➡PCの知識やExcelなどのソフトウェアの基本や**応用**を学び、業務効率化につなげる研修

□ リーダーシップ研修
　➡チームマネジメントやリスクマネジメント、組織**運営**や企業戦略にかかわることなど、**管理職**に求められる役割について学ぶ研修

4

1 　正しいものには○、正しくないものには×をつけましょう。

1 ＿＿＿ 日本人がはっきりと意見を言わない理由は、自分自身の考えをまとめるのが苦手だからである。

2 ＿＿＿ 日本人は、人間関係を常にいい状態で保ちたいという思いがある。

3 ＿＿＿ 言葉ではっきりと表現するかしないかは、文化的背景が大きく関係する。

4 ＿＿＿ 日本の会社は、必ず仕事の前に体操をする。

5 ＿＿＿ 相手に「検討します」と言われた場合、断られたということも考えられる。

6 ＿＿＿ 初めて人と会うとき、相手の顔がきちんと確認できるように、相手と40cm程度の距離で話すとよい。

7 ＿＿＿ 始業時間に毎日行われる朝礼の時間は無駄なので、参加しないで仕事をするようにしている。

8 ＿＿＿ 朝礼によって、気持ちを仕事モードに切り替えられる。

9 ＿＿＿ 強い組織にするため、共通の目標に向かって、一人一人ができることを考えて仕事をすることが大切である。

10 ＿＿＿ 入社後の研修は、社員一人一人のスキルアップを目的に実施されている。

2 　次の問いに答えましょう。

1 以下は、上司との会話です。あなたなら何と答えますか。
上司が話した言葉にはどのような意味が含まれているか考えましょう。

①上司：「君の後輩の田中君、いつも議事録の書式が間違っているんだよね。わからないのかね」

②提出した企画書を見て、
　上司：「企画書を確認したけど、今回は難しいかもね」

本音と建前

日本の社会では「本音」と「建前」の使いわけが重要です。

本音	建前
本当に思っている気持ちや考え	表向きの気持ちや考え

　「建前」は決して嘘をついているのではなく、「本音」で話すと相手を傷つけてしまうことがあるので、相手とのよい関係を続けるために使っているのです。特に仕事では、その使いわけがよく行われているので、本当の気持ちというのはわかりにくいかもしれません。

　次の会話を見てみましょう。

　取引先：「では、新商品の発注お待ちしております」
　　　客：「はい、検討します」

　このように、依頼を断るときは、はっきりと断りません。本音では、新商品はあまりよくないので発注することはない、と思っていても、そのまま取引先に伝えると担当者をがっかりさせてしまいます。しかし、発注することはないと思っていても、「検討します」や「もう一度社内で相談します」などと言えば、取引先は「もしかしたらOKがもらえるかもしれない」と期待することができます。「本音」で断ると、「検討もしてくれなかったのか」と相手を残念な気持ちにさせるかもしれませんが、「建前」を使うことで、相手を傷つけずに断ることができます。このようにビジネスでは、本音と建前を使いわけることが多くあります。

 みなさんの国のコミュニケーションには、どのような特徴がありますか。

3 冠婚葬祭【冠】

? 入社したばかりですが、先日、上司に赤ちゃんが生まれました。お祝いの品物を送ったほうがいいのでしょうか。

　冠婚葬祭とは、人が生まれてから亡くなるまで、 そして 、亡くなったあとも含めて行われる重要な行事のことです。社会に出ると人間関係も幅広くなり、冠婚葬祭の行事に参加することも増えていくでしょう。この章では冠婚葬祭をとおして、日本の文化を理解していきましょう。

　 まず 、冠婚葬祭の「冠」とは、人生の**節目**(成人式や結婚記念日など)のお祝いのことです。家族や**親せき**、親しい人との間で行われることがほとんどですが、最近では人とのつながりが浅くなっていることもあり、**儀式**自体も**簡略化**されつつあります。**祝いごと**は、相手との関係の深さや日頃の付き合いの程度によって対応が異なります。お祝いをすることで相手の**負担**になることもあるので、相手との関係性を考えて、**適切**に対応しましょう。

　 また 、地域によってもお祝いの仕方が異なることがあるので、その地域で初めてお祝いごとに参加するときは、周りの人によく確認をすることが大切です。

 みなさんの国には、どのようなお祝いの行事がありますか。
どのようにお祝いをしますか。

年祝い

年祝いとは、**長寿**のお祝いのことです。60歳の節目からお祝いすることが多いですが、現代の60歳はまだまだ元気で仕事をしている人が多いため、70歳からお祝いする場合が増えてきています。以下は、年祝いの**名称**です。読み方を確認しましょう。

還暦	古稀	喜寿	傘寿	米寿	卒寿	白寿	百寿
(　　)	(　　)	(　　)	(　　)	(　　)	(　　)	(　　)	(　　)

年齢 ▶ 60　70　77　80　88　90　99　100 →

📝　60歳の還暦は、どのようなお祝いをするのか調べてみましょう。

4

さまざまなお祝い

● 出産祝い
　赤ちゃんが生まれたとき、その子が健康で**丈夫**に育つように祝う

● お食い初め
　子どもが一生食べ物に困らないようにと、生まれて100日目に祝う

● 七五三
　7歳、5歳、3歳の子どもの成長を祝う

● **入園／入学**祝い
　入園や入学は社会への大きな一歩を**踏み**だす、節目の祝い

● **成人**のお祝い
　20歳になり、大人の**仲間入り**をしたという祝い。それぞれの地域でさまざまな祝い方の成人式が行われる

● **新築**祝い
　家を新しく建てたり、マンションを購入したり、新しい生活の始まりを祝う

● 退職祝い
　退職の理由はさまざまなので、必ず行うというものではなく、状況に**応じて**祝う

127

4 冠婚葬祭【婚】

? 同僚の結婚式に招待されました。
お金はいくら包めばいいのでしょうか。

冠婚葬祭の「婚」とは、結婚に関する行事のことです。結婚式や披露宴に招待されたら、特別な事情がない限りは出席しましょう。招待状を受け取ってから、当日の参加に至るまでさまざまなマナーがあります。しきたりに沿ったふるまいをすることが大切です。

ご祝儀

☐ 金額は相手との関係性によって異なる(表参照)

☐ 新札を用意する

☐ お札の枚数は奇数にする

（偶数だと「割り切れる」＝「別れる」を連想させてしまう）

☐ 包む金額にあったご祝儀袋にする

①表書き：「寿」、「御結婚御祝」

②水引き（封筒につける飾り）
　　　：金銀や紅白の結び切りやあわじ結び
　　　（一度結ぶとほどけない結び方のため）

③贈り主の氏名：フルネームで書く、筆ペンや毛筆を使う（濃い黒色）
　＊会社を代表して贈る場合：名前の右上に会社名や肩書きを書く

④中袋表：金額を書く

⑤中袋裏：贈り主の住所と氏名を書く

⑥お札：向きをそろえる

⑦袋の下側を上にかぶせる

☐ ご祝儀袋は必ずふくさに包んで持っていく

（ふくさの色：紫 / 赤 / ピンク / オレンジ）

関係性	金額
友人 / 同僚	3万円
上司	3〜5万円
家族 / 親戚	5〜10万円

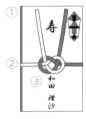

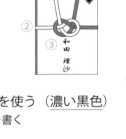

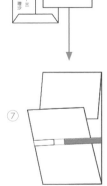

招待状の返信

☐ 招待状が届いてから2、3日中に同封されている返信ハガキに参加不参加を記入し、**返送**する
　＊遅くても1週間以内には必ず送る

☐ 予定がまだわからない場合は、そのことを直接本人に伝え、わかり次第再度出欠の連絡をする

☐ 必ず黒のペン、万年筆、筆などで書く（消せるボールペンは使わない）

☐ 句読点（「。」や「、」）は使わない → 終わりや**区切り**を意味するので**縁起**が悪い

【裏】

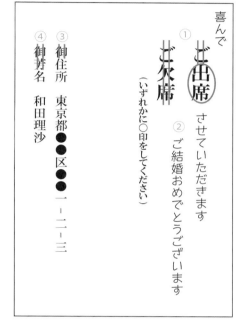

①出欠を選ぶ

　出席の場合

　➡「出席」を○で囲み、

　　「ご」と「ご欠席」には二重線を引く

　欠席の場合

　➡「欠席」を○で囲み、

　　「ご」と「ご出席」には二重線を引く

　➡前後に言葉をそえてもよい

　　（例）喇んで出席させていただきます

　　　　　欠席させていただきます

②**余白**にお祝いの言葉を書く

　出席の場合

　（例）ご結婚おめでとうございます

　　　　お**招**きいただきありがとうございます 当日楽しみにしております

　欠席の場合

　（例）ご結婚おめでとうございます

　　　　残念ですが**やむを得ない**事情により欠席させていただきます

　　　　お二人の幸せを心よりお祈り申し上げます

③「御住所」の「御」に二重線を引く

④「**御芳名**」の「御芳」に二重線を引く

【表】

宛名の「行」に二重線を引き、「様」を書く

結婚式、披露宴当日のマナー

時間に余裕を持って到着し、披露宴開始15分前までに受付をする

【受付】

☐ お祝いの言葉を言って、ご祝儀を渡す 「本日はおめでとうございます」

☐ 芳名帳に住所や名前を書く

【会場】

☐ 式や披露宴の途中、お手洗いなどで会場を出ないようにする

☐ 誰かがスピーチをしているときは飲食をしない

【服装】

男性		女性
ダークスーツ（黒、紺、グレー） ネクタイ（シルバー、白）	服	洋装（昼間は露出が少ないもの） 和装（未婚の女性は振袖、既婚や30歳以上の未婚女性は色留袖や訪問着）
黒の革靴 黒の靴下（足首が出ない長さのもの）	足元	つま先が隠れるパンプス（ヒールがあるもの） ベージュのストッキング
ポケットチーフなどで華やかさを出してもOK	その他	バッグは小さめのもの（パーティーバッグ） アクセサリーはパールが基本

＊ふさわしくないもの
- 新郎新婦よりも目立つような服装や露出が多い服装
- ウェディングドレスを連想される白やオフホワイト一色のドレスやスーツ
- 黒一色の服装 → 喪服を連想させてしまう
  （黒のドレスを着るときは、アクセサリーやバッグ、羽織りなどで華やかさを出しましょう）
- 動物の毛皮（ファー）や動物柄の物 → 生き物を殺すというよくないイメージがあるため
- スニーカー、ブーツ、サンダル

欠席する場合

☐ 祝電、お祝いのプレゼント、ご祝儀（5千円〜1万円程度）などを送る

☐ 祝電は披露宴前日までに会場へ届くようにする

みなさんの国ではどのような結婚式を行いますか。
結婚式事情についてまとめてみましょう。

●結婚式の形

●ご祝儀やプレゼントなどの贈りもの

4

●結婚式でのマナーや服装

●そのほか

自国の結婚式事情について、まとめたことをみんなに紹介しましょう。
＊写真などを見せながら紹介するとより理解が深まるでしょう

? 亡くなったという連絡（訃報）を電話で受けました。
そのとき、何と声をかければいいのでしょうか。

　冠婚葬祭の「葬」とは、**葬儀や墓参り**など、人の死に関わる行事のことです。訃報の連絡は、突然受けることがほとんどです。亡くなった人（**故人**）との関係性や、そのときの状況によって対応が変わりますが、会社**関連**であれば上司の指示に従いましょう。

　また、葬儀は**宗教**や**宗派**によって異なります。どのような形式の葬儀にしても、全体の流れを把握することが大切です。初めてでわからないときは、わかる人に確認し、失礼のないようにしましょう。

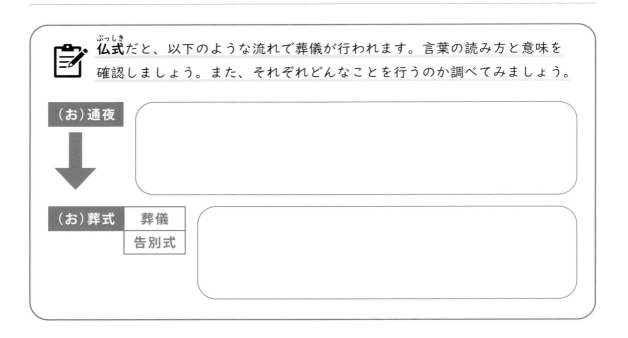

仏式だと、以下のような流れで葬儀が行われます。言葉の読み方と意味を確認しましょう。また、それぞれどんなことを行うのか調べてみましょう。

（お）通夜	

⬇

（お）葬式	葬儀	
	告別式	

訃報を受けたら

□ 訃報を受けたらお悔やみを述べる

「突然のことで…、ご愁傷さまです」

＊ご愁傷さま：遺族（亡くなった人の家族）に対して同情やなぐさめの気持ち

□ 連絡を直接受けた場合は以下を確認する

➡亡くなった人の氏名 / 通夜・葬儀・告別式の日時と場所 / 宗教や宗派
供花・花輪・供物の受け入れ / 手伝いの必要性 / 喪主の氏名と続柄

弔問のマナー

□ 弔問とは、遺族を訪ねてお悔やみを伝えること

□ 携帯電話はマナーモードにするか、電源をきる

□ 会場内では会話を控える、大きな声で話さない

□ 通夜ぶるまいを勧められたら断らない

□ 亡くなった原因や詳しい状況を聞かない

【受付】

□ 受付の人に一礼してお悔やみを述べる

「このたびはご愁傷さまです。心よりお悔やみ申し上げます」

□ 香典（故人に供える金品）を渡す

□ 芳名帳に住所と氏名を書く

【焼香】

焼香はお別れの儀式の中で行われる

宗教によって作法が異なるので、親族の作法を参考にする

通夜ぶるまいとは？

遺族が弔問客をお酒や軽食でもてなすこと。
弔問のお礼だけでなく、故人とともにする最後の食事という意味がある。

お悔やみの告げ方

「このたびはご愁傷さまです」と言うときは、声をひそめて、ささやくように言うと、悲しみの気持ちが伝わります。

4

香典

- □ **不祝儀袋**（ぶしゅうぎぶくろ）は宗教や宗派によって異なるので、確認をしてから用意する
- □ 金額は故人との関係性によって異なる
- □ **新札**（しんさつ）を使わない
  ➡事前に準備していた（亡くなるのを待っていた）という印象を与えてしまう
- □ 通夜と葬儀の両方に参列する場合、香典は通夜で渡す
- ①表書き：「御霊前」はほとんどの宗教・**宗派**で使うことができる
- ②水引き：黒白か銀一色の結び切り
- ③名前：フルネームで書く、筆ペンや毛筆を使う
  （薄墨（うすずみ）：薄い黒色）
  ＊会社を代表して贈る場合：名前の右上に会社名と肩書きを書く
- ④袋の上側を下にかぶせる
- ⑤**中包み**（なかづつみ）：**漢数字**（かんすうじ）で金額、住所と名前を書く
- □ 不祝儀袋は必ずふくさに包んで持っていく
  （ふくさの色：紫や緑など**地味**（じみ）な色）

関係性		金額
友人 / 同僚 / 上司 / 取引先関係		5千円〜1万円
友人 / 同僚 / 上司の家族		3千円〜5千円

〔表〕 〔裏〕

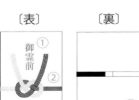

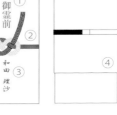

〔中袋〕

服装

男性		女性
喪服、白いシャツ、ネクタイ（黒）	服	喪服（スカートは膝が隠れる長さ）
黒の革靴 黒の靴下（足首が出ない長さのもの）	足元	黒の靴 黒、またはベージュのストッキング
バッグは持たない（どうしても持つ場合は、わきにはさむことができる小さな黒のものにする）	その他	黒のバッグ、化粧（けしょう）はうすく地味にする アクセサリーはパールのネックレス程度にする

＊急な通夜の場合
　男性：無地のダークスーツ（黒/紺/グレー）、ネクタイは地味な色でもよい
　女性：無地でシンプルなワンピース、もしくはスーツ（黒/ダークグレー）

お通夜やお葬式にふさわしくない服装はどんな服装ですか。なぜよくないのか、その理由も調べてみましょう。

●男性

●女性

4

6　冠婚葬祭【祭】

(?) 上司からお年玉をもらいました。お返しとして、上司にもお年玉を渡すべきですか。

　冠婚葬祭の「祭（さい）」とは、**先祖（せんぞ）をまつる**行事のことで、**年中行事（ねんちゅうぎょうじ）**全般を指します。それぞれの行事では、家族や親せきが集まり、お互いの**繁栄（はんえい）**を祈ります。[そのため]、地域だけではなく家ごとに**代々（だいだい）**伝わるしきたりもあります。このような年中行事は、季節感を大切にする日本特有の文化と言えるでしょう。最近では、簡略化（かんりゃくか）されることもありますが、本来の意味を理解することが大切です。

 みなさんの国の年中行事にはどのようなものがありますか。
紹介しましょう。

●行事の名前

●いつ

●目的

●内容

正月

- お正月とは、神様を家族でお迎えし、**五穀豊穣**（穀物が豊かに実ること）に感謝し、**新年**を祝う行事のこと

- **年始め**を「お正月」、年の最初の日である1月1日を「**元日**」、1月1日の朝を「**元旦**」と言う

【おせち料理】

- 料理の内容は地域によってさまざまである

- おせちは、**めでたいことが重なる**ようにという願いが込められ、**重箱**に入れられる

- おせちに入っている料理には特別な意味がある

　（例）**海老** → 長い**ひげ**や、**茹でる**と背中が丸くなる（＝腰が曲がる）ことから、**長寿の象徴**とされる

　　　　数の子 → ニシンの卵である数の子は、卵の数が多いので**子孫繁栄**の意味がある

【お年玉】

- 新年を祝うために贈られるお金のこと

- お年玉は**現金**をそのまま渡すのではなく、小さな封筒（ポチ袋、お年玉袋）に入れて渡す

- 年上の人から年下の人に渡す（多くは、大人から子どもに渡す）
　＊目上の人に渡すものは「**お年賀**」という

- お年玉のお返しは必要ない

【お正月のあいさつ表現】

●**大晦日や仕事納め**

「今年一年お世話になりました。どうぞよいお年をお迎えください」

「今年もありがとうございました。来年もどうぞよろしくお願いいたします」

●お正月

「明けましておめでとうございます」

「新年明けましておめでとうございます。今年もどうぞよろしくお願いいたします」

さまざまな年中行事

- **節分**（2月3日）：冬から春になる季節の分かれ目。**豆まき**をして**厄払い**をする
- **桃の節句**（3月3日）：ひな**人形**などを飾って女の子の成長を祝う。**ひな祭り**ともいう
- **端午の節句**（5月5日）：**兜や鯉のぼり**を飾って、男の子の成長を祝う
- **七夕**（7月7日）：**伝説に由来**する星祭り。願いごとを書いた**短冊を笹竹**に飾る

7 お中元とお歳暮

(?) お中元とお歳暮は、両方贈らないと
いけませんか。

　季節によってさまざまな贈(おく)りものがあります。**代表的(だいひょうてき)**なものは、**お中元(ちゅうげん)**、**お歳暮(せいぼ)**、お年(ねん)
賀(が)です。このような贈りものは個人間(こじんかん)だけでなく、会社と会社との間で、季節のあいさつ
として贈るものでもあります。

　お中元やお歳暮は、日頃(ひごろ)お世話になっている人へ感謝の気持ちを伝える大切な習慣(しゅうかん)です。
一般的にお中元は夏、お歳暮は冬に贈ります。贈るものは、相手の立場に立って考え、相
手が喜(よろこ)んでくれるものを選びましょう。日頃から、好きな食べ物や好みを把握(はあく)していると
品物を選びやすくなります。

みなさんの国に、感謝の気持ちを伝えるために贈りものをする習慣は
ありますか。どのような習慣で、何を贈るのか、紹介しましょう。

贈るときのマナー

- 一般的にお中元とお歳暮の両方を贈ることがていねいとされている
  - ➡お中元は半年間の感謝を表し、お歳暮は一年の最後のあいさつという意味があるので、どちらか一方だけを贈る場合は、お歳暮を贈る

- 会社から贈る場合は、上司と相談し、会社の規定（金額や品物など）を確認したうえで贈る

- 品物を送る前に、あいさつ状を送る

贈る時期

	贈る時期	表書き
お中元	7月初め〜8月15日まで（地域によって異なる）	御中元
	立秋まで	暑中御見舞
	立秋のあと	残暑御見舞
お歳暮	12月初め〜12月20日ごろまで	御歳暮
お年賀	1月1日〜1月7日ごろまで	御年賀
	1月8日〜立春まで	寒中御見舞

贈る品物のポイント

- お中元、お歳暮、お年賀の品物金額は3千円〜5千円が一般的である
  - ➡お中元よりお歳暮のほうを少し高くする

- 食べものは、賞味期限（消費期限）を確認し、**日持ち**するものがよい

- **贈り先**の人数に合ったもの

- 季節感を感じられるもの

贈りものを受け取ったら

- 会社として受け取った場合は、勝手に開けず、必ず上司に報告する

- 早めにお礼状を送ったり、電話やメールでお礼を伝える

8 いろいろな贈りもの

? 子どもが小学校に入学するので、知り合いからお祝いをいただきました。お礼として、お返しはしたほうがいいのでしょうか。

　贈りものは、お祝いの気持ち、感謝の気持ち、お悔やみの気持ちなどを伝えることができる一つの**コミュニケーション手段**です。 しかし 、それぞれの場面によって贈らないほうがよいものもあります。贈りものは、相手が喜んでくれるものを贈るということが基本ですので、相手に不快な思いをさせないよう品物選びには気をつけましょう。 また 、親しい仲_{なか}であれば、何がよいか直接聞いてもよいでしょう。

 どんなときに贈りものをしますか。またどんなものを贈りますか。

●どんなとき？
●どんなもの？

●どんなとき？
●どんなもの？

●どんなとき？
●どんなもの？

●どんなとき？
●どんなもの？

贈りもののタブー（ふさわしくないもの）

【結婚祝い】

- ナイフ、包丁などの**刃物（はもの）** → **縁（えん）**を「切る」
  ＊最近は「切り開（ひら）く」というプラスの意味にもなっている

- **陶器（とうき）**やガラス製品 → 割れる＝「別れる」

【新築、引越し祝い】

- 赤いもの、キャンドル → 火をイメージさせるもの＝「**火事（かじ）**」

【お見舞い】

- **鉢植（はちう）えの花** → 鉢植えの花は**根（ね）**がついており、根つく＝「**寝（ね）つく**」
  ＊ずっと寝ていること＝病気が治らないことを連想

- **シクラメンの花** → 発音から「死」や「苦」を連想

- **菊（きく）の花** → 葬式を連想

- **香（かお）り**が強い花や**花粉（かふん）**が多くついている花 → 入院中の部屋にはむいていない
  ＊入院中の贈りものは病院のルールによっても異なるので事前に確認すること

ポイント	最近の傾向

最近では、あまりタブーを気にしない**傾向（けいこう）**があります。そのため、タブーの品物は絶対に贈ってはいけないというわけではありません。特に相手からの**リクエスト**であれば、そちらを優先しましょう。

「内祝い」と「お返し」

- **内祝（うちいわ）い**とは、何かおめでたいことがあったとき、周りからお祝いや贈りものをいただかなくても、喜びを**わかち合（あ）う**、という意味で贈りものをすること

- お返しとは、お祝いや贈りものをいただいたお礼として贈りものをすること
  ＊ただし、子どもの成長に関するお祝いにはお返しする必要はない
    ➡（お祝いをもらった）子どもはまだ**経済力（けいざいりょく）**がないため、お返しができないという考え
      気になる場合は、「内祝い」としてお返しをすればよい

子どものお祝いとは？

初節句
七五三
入園 / 入学祝いなど

1　正しいものには○、正しくないものには×をつけましょう。

① ＿＿＿ 年祝いとは誕生日のお祝いのことであり、生まれてから毎年お祝いをする。

② ＿＿＿ 結婚式の招待状の返信は、結婚式当日の1週間前までに届くように送る。

③ ＿＿＿ ご祝儀袋を紫色のふくさに包んで持っていった。

④ ＿＿＿ 結婚披露宴が夏だったので、素足が見えるサンダルを履いていった。

⑤ ＿＿＿ 結婚式当日は、遅くても開始15分前までには受付を済ませておく。

⑥ ＿＿＿ お葬式で男性は白色のネクタイをする。

⑦ ＿＿＿ 不祝儀袋には、薄墨の筆ペンで名前を書く。

⑧ ＿＿＿ おせち料理は、好きな食べ物だけを箱に入れる。

⑨ ＿＿＿ 年内にお歳暮を贈るのを忘れてしまったので、年明けに出勤したとき、上司にお歳暮を渡した。

⑩ ＿＿＿ 入園祝いをいただいたので、「内祝い」としてお返しのお菓子を贈った。

2　次の問いに答えましょう。

① あなたの出身国（出身地域）のしきたりを、それぞれの項目ごとにまとめましょう。

①長寿のお祝い（いつ、お祝いの仕方）

②結婚式（結婚式の形、服装、ご祝儀）

② 1で書いたことをもとに、ほかの国（地域）の人とも比べてみましょう。

142

贈りものは、贈る相手の文化背景をよく理解したうえで選ぶことが大切です。
文化が異なると、贈りもののタブーも異なります。
さまざまな国の贈りものについてクラスメートに聞いてみたり、調べてみましょう。

国や地域	送る目的	ふさわしいもの	タブーなもの（理由）
（例）日本	お見舞い	お見舞い金（現金） 本や雑誌 食べ物（相手の体調を考えて）	鉢植えの花（根つく＝寝つく） 香りの強い花（体調の悪い人にとってはつらいかもしれない）

4

9 食事の基本

? 食事は、おいしく楽しく食べればいいと思いますが、なぜマナーが必要なのでしょうか。

　食事のマナーの基本は、一緒に食事をする人に不快な思いをさせないということです。そのため、仕事の場面に限らず、普段からきちんとマナーを身につけておくようにしましょう。また、世界にはたくさんの食文化があります。それぞれの国や地域によって、主食や調理法が違ったり、宗教の影響を受けていたりとさまざまです。そのため、食事のマナーもそれぞれ違います。しかし、すべてに共通して大切なことは、食事を作ってくれた人、食物を育んだ自然、同席している人など、すべてに感謝して、おいしく楽しくいただくことです。

　ここでは、和食について学びますが、洋食やそのほかの国の料理のマナーも身につけておくと、いざというときにあわてず落ち着いて食事ができるでしょう。

食事の基本マナー

☐ 姿勢よく座って食べる
　➡足を組んだり、ひじをついて食べたりしない、貧乏ゆすりをしない

☐ 口にものが入ったまま（大声で）話さない

☐ 音を立てない
　➡食器の音、食べ物をかんでいるときの音に気をつける

☐ 一緒に食べている人と食べるスピードを合わせる
　➡早く食べてしまうと、まだ食べ終わっていない人はあせってしまう

☐ 香水やニオイに気をつける
　➡料理の香りや味を悪くしてしまう

☐ 食事中、髪の毛や携帯電話をさわらない

10 和食のマナー

？ 魚の骨が口に入ってしまったので出したいです。どのように出しますか。

　社会人になると、仕事関係での会食やつき合いで日本料理店に行くことがあります。日本料理では、お箸を正しく使うということが大切です。お箸の持ち方や使い方は、急にできることではないので、毎日の食事で**実践し**ながら身につけましょう。

4

和食の基本マナー

□ ご飯は左側、**汁物**は右側、箸は横向き（箸先が左にくるよう）に置く

□ **手のひらにおさまる**くらいの大きさの食器は、手に持って食べる

□ **おしぼりは手をふくもの**なので、顔や首、口、テーブルなどはふかない

□ **和食器**は重ねると傷つくことがあるので、食事が終わっても重ねない

□ 箸先3cm以上は汚さない

□ **お碗や器にふたがついている場合**
　➡最初に全部のふたをとって、**裏返してお盆の外側に置く**
　➡食べ終わったら、ふたを元の位置に戻す

□ **大皿の料理を食べる場合**
　➡必ず**小皿にとりわけてから食べる**
　➡自分の箸を使って大皿からとらない（とりわけ用の箸を使う）

□ お刺身や天ぷらなどの**盛り付けられた料理**の場合、**手前の食材**から食べていく

【よくない食べ方】
　手皿：料理を口に運ぶとき、**こぼれ**ないようにもう片方の手をお皿がわりにしてそえること
　犬食い：お皿に顔を近づけて食べること

箸の使い方

【箸の取り方～持ち方】

①右手で箸を取る　　②左手を箸の下に添える　　③右手をすべらせながら　　④正しい持ち方
　　　　　　　　　　　　　　　　　　　　　　　　　持ち変える

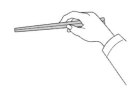 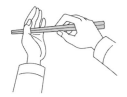  

ポイント

割り箸を割るときは、箸を横向きにして上下に割る
＊左右に割ると、隣にいる人にひじがあたってしまうことがある

【お寿司の食べ方】

- □ お寿司は、手で食べてもよい
- □ お寿司一貫は箸で切り分けず、一口で食べる
- □ 醤油はネタにつける

＊軍艦巻きは、がり（しょうが）にしょうゆをつけてそれをネタに垂らすようにしてつける

【魚の食べ方】

①背骨にそって頭のほうから食べる

②中骨をはずしてお皿の向こう側に置く → 魚の下側を食べる

③食べ終わったら骨や皮を右上に寄せて、懐紙や魚の下にしいてあった葉などをのせて隠す
　＊魚の骨を口から出すときは、懐紙やナプキンで口元を隠して出す

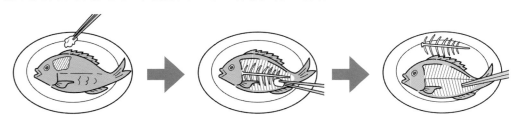

【箸使いのタブー】

迷い箸

どれを食べるか箸を動かしながら迷うこと

寄せ箸

箸で器を引き寄せること

刺し箸

料理に箸を**突き刺す**こと

ねぶり箸

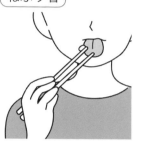

箸先についたものを**なめる**こと

渡し箸

箸を置くときに**箸置き**ではなく、器やお椀の上に箸を置くこと

拾い箸

箸から箸へ直接料理を渡すこと

立て箸

ごはんに箸を立てること

11 お酒のマナー

? お酒は苦手です。でも、大事な接待なので飲むべきですか。

　お酒は、プライベートや仕事終わりに上司や同僚と飲むだけでなく、接待のときにも欠かせないものです。 しかし 、お酒は飲める人や飲めない人、飲みたくても飲めない人などさまざまです。どのタイプでも、いちばん大切なことは、無理をしないことです。特に接待など、会社同士のつき合いの場合は、そのあとも関係が続きます。酔っ払って周りの人に迷惑をかけないよう、無理せず、マナーよく楽しく飲むようにしましょう。

　 また 、お酒が飲めないときは、以下のように断ると失礼ではありません。

【お酒がまったく飲めないとき】

「アルコールに弱いので…」

「アレルギーがあって…」

「お酒が弱くて…」

「あいにく不調法なもので…」

> **不調法とは？**
> お酒やたばこをたしなまないこと。あまり得意ではないこと。

【もうこれ以上飲めないとき】

「十分いただきました。ありがとうございます」

「もう結構です。ありがとうございます」

お酒のつぎ方

☐ ラベルが見えるように上にして、両手で瓶を持ちつぐ（ワインは片手でもOK）

　　ビール → グラスの7分目くらいまでゆっくりつぎ、最後は勢いよくついで泡立てる

　　日本酒 → グラスの8分目くらいまでつぐ

　　ワイン → グラスの3分の1くらいまでつぐ

☐ グラスが空になってからつぐ。もしくは残りが一口で飲み切れるくらいの量になったらつぐ
　　➡基本的にはそれまで飲んでいたお酒と同じものをつぐ

お酒の受け方

☐ 片方の手でグラスや杯を持ち、もう片方の手はそえる
　　➡ワイングラスやシャンパングラスは持ちあげず、テーブルの上に置いたまま受ける

☐ 受けたらすぐに口をつける（飲む）
　　➡ビールや日本酒は、一口飲んだら相手にもつぐ

乾杯するとき

☐ 乾杯のときは、お酒が飲めない人も口だけはつけるようにする

☐ グラスとグラスを強くあてると傷がついたり割れたりするので、軽く合わせる程度にする

☐ グラスを合わせるときは、自分のグラスは相手よりも低くする（謙虚な気持ちを表す）

☐ 接待をする側が乾杯をしきる（乾杯のあいさつなど）

☐ 遠くにいてグラスを合わせられない場合は、アイコンタクトをとったり、軽く頭を下げる

みなさんの国には、どのようなお酒がありますか。

お酒を飲むときに気をつけることは何ですか。

1　正しいものには○、正しくないものには×をつけましょう。

1　＿＿＿＿　食事をするとき、相手から見えないので足を組んで食べてもよい。

2　＿＿＿＿　お寿司屋さんに行くので、香水はつけなかった。

3　＿＿＿＿　食事が終わってテーブルが汚れていたので、自分の使い終わったおしぼりでふいた。

4　＿＿＿＿　和食では、ごはんが右、みそ汁は左に置く。

5　＿＿＿＿　器にふたがついている場合、**冷めないよう**、それぞれ食べる直前に開けるようにする。

6　＿＿＿＿　お寿司にしょうゆをつけるとき、シャリ（ごはん）ではなくネタにつける。

7　＿＿＿＿　魚は、まず表側をすべて食べ、そのまま反対にひっくり返して裏側を食べる。

8　＿＿＿＿　箸は、自分が持ちやすい持ち方で持てばよいので、持ち方は自由である。

9　＿＿＿＿　お酒は弱いが、飲まないと評価されないので無理をして飲むようにしている。

10　＿＿＿＿　ワインをついでもらうとき、こぼれないようにグラスを両手で持った。

2　次の問いに答えましょう。

1 フランス料理と中国料理のマナーを、次の項目にそって調べてみましょう。

●フランス料理
　①ナイフとフォークの使い方

　②コース料理の順番

　③ナプキンの使い方

●中国料理
　①**ターンテーブル**の使い方（だれから食べる？テーブルを回す方向は？など）

　②**円卓**の席次

2 自分の国（地域）の食事マナーを紹介しましょう。

懐紙を持ち歩こう♪

4

懐紙とは？

「懐紙」とは、二つ折りの和紙のことです。「懐」とは、「胸元あたり」という意味で、昔は着物の胸元に懐紙を入れて、持ち歩いていました。今は、茶道で使われることが多いですが、持っているととても便利なものです。ハンカチやティッシュ、メモなどの代わりとして使うことができます。
いろいろな使い方があるので見てみましょう。

食事中

- 食べるとき、受け皿の代わりに使う
- 口や箸先が汚れてしまったときに拭く
- 種や魚の骨など、口からものを出すときに懐紙で隠す
- 魚の骨や食べ残しを隠す
- 小さく折って箸置きにする
- グラスについた口紅を拭く
- コースターの代わりに使う

包む

- 食べ残しのお菓子を持ち帰るときに包む
- お金を渡すとき、そのまま渡さず、封筒の代わりに懐紙にお金を包む

書く

- メモの代わりに使う
- 手紙の代わりに、お礼などのメッセージを書いて渡す

置く

- お菓子の取り皿の代わりに使う
- 天ぷらなど揚げ物の下にしいて油取り紙の代わりとして使う

12 個人宅訪問の基本

? お世話になっている上司の家にお歳暮を届けに行きます。
何時ごろ伺えばいいでしょうか。

個人宅を訪問するということは、相手の**生活空間**に入るということです。 そのため、
相手の**生活スタイル**や一緒に住んでいる家族のことを考えたうえで、**予定を立てる**ことが
大切です。訪問する日や時間などは相手の都合を優先して決めるようにしましょう。

訪問時のマナー

☐ 訪問する時間は、**早朝**や夜遅い時間、食事の時間帯などはさける
　＊午後2時〜4時くらいがよい

☐ 書類やものの**受け渡し**程度であれば、家の中に入らず、**玄関先**で渡すようにする

☐ 訪問先の準備もあるので、予定時刻ちょうど、もしくは5分程度遅れて行く

☐ **手土産**を持っていく
　➡一緒に住んでいる家族にも**配慮**したものがよい

☐ 靴を脱ぐことを考え、靴下やストッキングの汚れや**破れ**などに気をつける
　➡素足であがることは失礼なので、素足にサンダルなどの場合は（白い）靴下を持っていく

☐ 長時間**滞在**しないようにする

☐ お手洗いは事前に**済ませ**てから行く

ポイント　飲み物を聞かれたとき

訪問先で「コーヒーと紅茶どちらにしますか」と聞かれたとき、なんと答えますか。「コーヒーで大丈夫です」や「コーヒーで結構です」などの言い方は、「仕方ないけど、コーヒーでいいですよ」と飲みたくないものを我慢して飲むような意味になります。それだと相手に対して失礼になってしまいますので、「ありがとうございます、ではコーヒーをお願いします」や「ではコーヒーをいただきます、ありがとうございます」と言うようにしましょう。

訪問時の流れ

| 到着 | コートは玄関に入る前に脱いで、裏返しにして持つ→インターホンを押して名乗る |

↓

| 玄関 | あいさつをして、「どうぞ」と言われてから靴をぬいであがる |

靴の脱ぎ方

① 「失礼します」と言って、正面を向いたまま靴を脱ぐ

② 家の人に背中を向けないよう、ななめにしゃがみ、靴先を外に向けてそろえて端に置く

↓

| 入室 | 再度あいさつをして、手土産を渡す |

相手にすすめられるまでは、ソファや座布団に座らない

部屋の中をじろじろ見たり、置いてあるものなどを勝手にさわったりしない

↓

| 帰り | 用件を済ませたら長く滞在せずに帰る |

「そろそろ失礼いたします」 /「そろそろおいとまします」

＊当日、もしくは翌日にお礼の電話やお礼のお手紙を送る

手土産の渡し方

☐ 玄関先で渡すのはNG

☐ 部屋に通されて、あいさつをしてから渡す

☐ 袋から手土産を出し、正面を自分の方に向ける。そして、時計回りで相手の方に正面を向け、渡す

☐ 言葉をそえて渡す

　「ほんの気持ちですが……」 /「心ばかりのものですが……」

☐ 手土産が入っていた袋は持ち帰るか、訪問先の人に処分してもらう

13 和室のマナー

? 和室に通されましたが、あいさつはどこで、どのタイミンググで、どのようにすればいいですか。

　和室は日本独自のものですが、最近は日本でも洋室中心の生活になってきました。しかし、和室に案内されることもあるので、しっかりと基本的なマナーを身につけておきましょう。また、服装にも気をつけましょう。和室では、座ったままの動作が基本となるので、短くてタイトなスカートは、座ったときにひざが出てしまい、足をくずしにくくなります。和室のときは座りやすいように、ゆとりがあるデザインを選ぶようにしましょう。

席次

- 床の間がある部屋は床の間側、ない部屋は出入り口からいちばん遠い席が上座
- 席の指定がないときは、下座（出入り口の近く）
  に座る

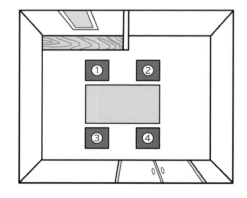

正座は両ひざをつけ、足を折り曲げて座ります。
実際に正座をしてみましょう。
慣れていないと、足がしびれてきます。どのくらいの時間、
正座ができますか。

和室に通されたら

入室	部屋に入るときは、座ったまま、ふすま（和室のドア）を開ける 部屋に入る前にスリッパを脱ぐ すすめられるまでは座布団に座らない ＊座布団は訪問する人への気遣いで用意されているものです

↓

あいさつ	正座をしたままおじぎをする（「座礼」という）

おじぎの仕方

背筋を伸ばす

手はひざの前で「ハ」の字にしてつく

そのまま前に体を倒す

手土産を袋や風呂敷から出して畳の上に置く→正面を相手に向けて渡す

座り方

座ったまま、両手を握り座布団の上につく

そのまま両手に体重をかけてにじってあがる

ポイント	たたみのへり

昔、たたみの**へり**に家紋が入っていました。その家紋をふみつけるという行為は家の人に対して失礼になります。今は、家紋が入っていないへりが多いですが、このような意味があるのでふまないようにしましょう。

1 　正しいものには○、正しくないものには×をつけましょう。

1 ＿＿＿ 書類を渡すだけなので、仕事が終わって夜10時ごろに上司の家に行った。

2 ＿＿＿ 家に伺う約束の時間が午後2時だったので、遅れては失礼だと思い、10分前に到着した。

3 ＿＿＿ 上司の家を訪問する際、子どもがいる家庭だったので、手土産はお酒ではなくお菓子にした。

4 ＿＿＿ 玄関に入ってすぐにコートを脱いだ。

5 ＿＿＿ 玄関であいさつをして、紙袋ごと手土産を渡した。

6 ＿＿＿ 訪問先の部屋に写真が飾ってあったので、近くで見た。

7 ＿＿＿ 和室に案内されたので、座布団の上に座って待っていた。

8 ＿＿＿ 和室に案内されることも考え、長くてゆったりしたスカートをはいていった。

9 ＿＿＿ 座布団が薄かったので、半分に折ってその上に座った。

10 ＿＿＿ 座っておじぎをするときは、手を前で組み、ひざの上におく。

2 　次の問いに答えましょう。

1 次の設定で、①〜⑧までの指示にそって練習しましょう。
　設定：上司の家のホームパーティに招待された

上司	自分
玄関であいさつ	
	①玄関であいさつをする 「今日はお招きくださりありがとうございます」
②上がってもらう 「どうぞお上がりください」	
	③靴をぬいであがる
部屋に入る	
	④持ってきた手土産を渡す
⑤手土産を受け取り、ソファに座ってもらう	
帰る	
	⑥そろそろ帰ることを伝える
⑦玄関まで見送る	
	⑧あいさつをして玄関を出る

第5章
就職

UNIT1　自己分析
UNIT2　企業研究
UNIT3　応募から内定まで

1 自分を知る

? 自分にどんな仕事がむいているのかわかりません。自分に合った就職先を見つけるために何をすればいいのですか。

　就職活動をするとき、たくさんの企業の中から自分に**合う**会社を探すのは大変なことです。たとえ**希望**する会社が見つかっても、**志望動機**や**自己PR**に何を書けばいいのかわからず困ってしまったということはありませんか。

　就職活動でいちばん大切なことは、**自己分析**をしっかりするということです。自己分析とは、「自分を知る」ということです。これまでどのような経験をしてきたのか、どんなことに興味があるのか、何を大切にしているのかなど自分自身の特徴や**強み**を把握します。自分自身を客観的に見ることで、ほかの人に自分のことをわかりやすく伝えることができるのです。就職活動では、自分のことを文章や言葉で伝えなければならない場面が多くあります。 そのために 、しっかりと自分を**見つめなおし**ましょう。

あなたは家族や友人にどんな人だと言われますか。
また、自分はどのような人だと思っていますか。

自己分析の手順①（書きだし作業）

過去　過去の経験や体験を時系列で書きだす

項目
- 学校（小・中・高・大）
- 部活やサークル
- アルバイト、授業やゼミ
- 留学、ボランティア活動
- 友人、趣味　など

内容
- 一生懸命取り組んだこと
- 目標を達成したこと
- 努力したこと、悔しかったこと
- 楽しかったこと、忘れられない経験
- 挫折したこと　など

現在　今の自分に向きあう

- 性格（**長所**、**短所**）、好きなこと、嫌いなこと、得意なこと、**苦手な**こと
- 尊敬する人、今頑張っていること、取り組んでいること
- 大切にしたいこと、プライベートの過ごし方、価値観（時間やお金）
- 家族や友人から見たあなたの印象　など

将来　将来なりたい自分を想像する

- 将来の夢、自分の**キャリア**、ライフプラン
- 身につけたいスキル、達成したいこと、やってみたいこと
- どんな環境で働いていたいか、どんな生活を送っていたいか　など

自己分析の手順②（深ぼり作業）

手順①で書きだした情報の一つ一つに「なぜ？」と問いかけ、分析していく

（例）大学時代は**国際交流**に一生懸命取り組んだ。

➡ なぜ 一生懸命取り組んだのか？

いろいろな国の人と交流するのが楽しかったから。

➡ なぜ 楽しかったのか？

いろいろな言語が学べるし、日本と違う文化を知ることができて嬉しかったから。

➡ なぜ いろいろな言語を学べて、文化も知れると嬉しいのか？

たとえば英語の語学力があがるとTOEICの点数もあがるから。

いろいろな文化を知ると、視野が広がるから。

➡ なぜ TOEICの点数があがると嬉しいのか？ 自分の視野が広がると嬉しいのか？

結果が点数という形で目に見えると、**達成感**があるから。

知らないことがたくさんあるということに気づかされて、もっと頑張ろうと思えるから。

> ### 気づき
>
> ＊**他者**との交流を通して自分自身を成長させられる
>
> ＊興味があることや、わからないことがあるとそれに向けて努力することができる
>
> ＊いろいろな国の人とコミュニケーションをとることが好きだ

＊プラス面だけでなく、「なぜ頑張れなかったのか」などのマイナス面も同じように進めていきましょう

自己分析の手順③（整理）

整理	手順②で浮かびあがった気づきや特徴を整理する

□ 過去と現在を比較してみる
➡考えが変わった部分はあるのか、ずっと変わらない思いとは何かなど
□ 何度も出てくる言葉を確認する
➡そこから共通する性格、価値観、**行動パターン**などを見つける
（例）チームワーク、人、交流、努力することが好き……

結びつけ	整理したことをもとに会社を探す

（例）「人を大切にしたい」という思いが自分の中にあることがわかった
➡同じような理念の企業を探す
「努力することが好きだ」ということがわかった
➡社内でステップアップしていける環境や制度、研修がある会社を探す

応募書類に照らしあわせてみる

（例）長所や短所、自己PRなど

〔過去を振り返る〕

いつ	できごと（一生懸命取り組んだこと、挫折したこと、努力したことなど）
大学 短期大学 専門学校	
高校	
中学校	
幼少期 〜小学校	

〔1つのできごとを深めていく〕

できごと：＿＿＿＿＿＿＿＿＿＿＿＿＿＿＿＿＿＿＿＿＿＿＿

5

具体的なエピソード	
結果（成果）はどうだったか	
結果（成果）を出すために どう取り組んできたか	
大変だったこと 苦労したこと	
困難や苦労を どう乗り越えてきたか	
取り組んでよかったことと その理由	
何を学んだか	
この経験をどう活かせるか	

［現在の自分に向き合う］

●性格（長所や短所）

```

```

●好きなこと、得意なこと

```

```

●嫌いなこと、苦手なこと

```

```

●頑張っていること

```

```

●大切にしたいこと

```

```

●尊敬する人

```

```

●家族や友人から見た自分

```

```

［将来について考える］

●将来の夢

●夢実現のために具体的にどうするのか

●取り組んでみたいこと（身につけたいスキルなど）

●5年後の自分はどうありたいか

●10年後の自分はどうありたいか

●20年後の自分はどうありたいか

●プライベート（ライフプラン）

？ 旅行関係の仕事をしたいのですが、いろいろな旅行会社があります。どのように選べばいいですか。

　企業研究とは、興味や関心がある企業について調べ、特徴を明らかにすることです。その企業がどんな企業なのか理解するためにも、まずはたくさんの情報を集める必要があります。インターネットの情報以外にも、企業説明会に参加したり、OB・OG訪問で先輩から直接話を聞いたりすることもできます。入社してから「思っていた会社と違う」、「自分がやってみたいことができない」などと感じることがないように、企業研究をしっかりすることが大切です。まずは、業界全体を理解し、次にどんな職種があるのかを知り、自分がやってみたいと思える仕事を見つけましょう。 そして 最後に、いろいろな企業を比較し、自分にあった企業を探していきましょう。

　 また 、企業への理解を深めると、説得力のある志望動機がつくれます。たくさんある企業の中で、なぜこの企業ではないとだめなのか、それがわかると自分がどのようにその企業で貢献できるのかが見えてきます。 たとえば 、ホテル業界で働きたいと思った場合、たくさんあるホテルの中でなぜAホテルなのか、なぜBホテルではだめなのか、それを説明できるようになるためにも、企業研究が大切なのです。

業界研究

①どんな業界があるのか、業界全体を知る

②興味がある業界を**しぼる**

③選んだ業界の**現状**や課題、**将来性**なども含め、ひとつひとつ**細かく**調べていく

【主な業界】

メーカー／サービス／小売／商社／金融／マスコミ・広告／ソフトウェア・通信／
官公庁・公社・団体

職種研究

①自分がどのような仕事をしたいのかをイメージしながら調べる

②希望する職種に求められるものやスキルを確認する

③自分の能力や性格に**適している**かを考える
　＊同じ職種でも、企業によって仕事内容など異なることがあるので企業研究もあわせて行う

【主な職種】
事務／管理／企画／営業／技術／販売／サービス／IT／**医療・福祉**／専門

企業研究

①企業**概要**を確認する
　（**企業理念**、**社風**、事業内容、従業員数、**資本金**など）

②企業の**動向**や強みを確認する

③採用や働く条件について確認する
　（募集職種、採用人数、**選考**方法、給与、**福利厚生**、研修制度など）

④実際に社員の話を聞く

日本には100年続く企業が多くあります。
みなさんの国にはそのような企業はありますか。

3 OB・OG訪問

❓ OB・OG訪問とは何ですか。
何のためにするのでしょうか。

　OB・OG（**和製英語**（わせいえいご）：Old BoyとOld Girlの略）とは先輩卒業生のことです。 そして

OB・OG訪問とは、すでに会社で働いている先輩のところへ行き、直接話を聞くことです。

ホームページやパンフレットの情報だけではわからない会社のことや、詳しい仕事内容な

どを確認することができます。 また 、人事担当者（じんじたんとうしゃ）に聞きにくい給料や福利厚生（ふくりこうせい）のこと、

職場（しょくば）の雰囲気（ふんいき）なども知ることができます。必ず訪問しなければならないということではあ

りませんが、企業によっては、**応募条件**（おうぼじょうけん）にしているところや、採用の評価に含まれるとこ

ろもありますのでよく確認しましょう。

　訪問後は、いただいたアドバイスを整理し、志望動機や自己PRに**反映**（はんえい）させましょう。

訪問して**満足**（まんぞく）するのではなく、きちんと目的をもって行うことが大切です。

希望する会社で働いているOB・OGに会ったら、どのようなことを
聞いてみたいですか。

OB・OG 訪問の流れ

| アポイント | **OB・OG を探し、訪問可能かどうか確認して訪問日時を決める** |

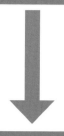

探し方
- ●所属している学校の就職センターなどで先輩を紹介してもらう
- ●ゼミやサークルの先輩や先生に直接聞いて紹介してもらう
- ●会社の人事課に問い合わせて訪問のお願いをしてみる　など

| 訪問準備 | **訪問の時間は限られているので、しっかりと準備をする** |

- ●会社の基本情報を確認しておく
  - ➡事前に確認しておくことで、話を聞いたときに理解が深まる
  - ➡調べてわかることは聞かないようにする
- ●質問したいこと、聞きたいことをまとめておく
  - ➡事前に志望動機とともに質問項目をまとめてメールしておいてもよい
- ●志望動機や自己PRをまとめておく

5

| 訪問 | **当日はきちんとあいさつをし、マナーよく話を聞く** |

| お礼 | **訪問後は必ずお礼のメールやお礼状を送る**
紹介してくれた人にも報告をする |

先輩（OB・OG）にとって、OB・OG訪問は何もメリットがありません。訪問を受けたからといって給料が上がるわけではありません。仕事で忙しいのに、わざわざ時間をとってくれたということを忘れず、当日だけでなく、訪問後も必ずお礼を伝えましょう。

訪問のマナー

- ☐ 事前に場所の確認をし、当日は10分前には到着しておく
  - ➡どこかで待ち合わせの場合は、OB・OGよりも早く到着しているようにする
- ☐ 面接と同じように服装にも気をつける
- ☐ 質問をするなど、積極的に話を聞き、必ずメモをとる
- ☐ 時間が決められている場合、必ずその時間で終わらせるようにする（長くても1時間以内）
- ☐ 手土産は基本的に不要
  - ➡気になる場合は荷物にならないよう、小さくてカバンに入る程度のものにする
- ☐ 訪問は話を聞くことが目的なので、自分の応募書類の添削だけをお願いしてはいけない
  - ➡ただし、確認をしてくれることもあるので、志望動機や自己PRはまとめ、印刷しておく

確認クイズ

1 正しいものには○、正しくないものには×をつけましょう。

① ＿＿＿ 企業研究は時間がある人だけすればよい。

② ＿＿＿ 人事を希望している場合、どの会社も働き方や仕事内容はまったく同じである。

③ ＿＿＿ 自分に適している会社を探すためには、企業の情報をしっかりと確認する。

④ ＿＿＿ 業界の現状や動向、将来性などはこの先どうなるか予想がつかないので調べなくてよい。

⑤ ＿＿＿ OB・OG訪問はしてもしなくても変わらない。

⑥ ＿＿＿ 企業情報が本当に正しいか確認するために、会社のホームページにのっている従業員数と資本金を先輩に聞いた。

⑦ ＿＿＿ OB訪問の時間が30分だけだったので、事前に聞きたいことをメールで伝えておいた。

⑧ ＿＿＿ 会社の会議室でOGの話を聞くことになったのでスーツを着ていった。

⑨ ＿＿＿ OB訪問のお礼として、1万円を封筒に入れて渡した。

⑩ ＿＿＿ OG訪問に行く前に**エントリーシート**を送って、添削してもらうようにお願いした。

2 次の問いに答えましょう。

① 次の業界にはどのような役割があるか（何をしているか）確認しましょう。

主な業界	役割
メーカー	モノをつくる
サービス	
小売	
商社	モノを動かして利益を得る
金融	
マスコミ・広告	
ソフトウェア・通信	
官公庁・公社・団体	

2 自分が興味のある企業について調べて、まとめてみましょう。

企業名	
資本金	
従業員数	
事業内容	
そのほか （　　　　）	
そのほか （　　　　）	

企業名	
資本金	
従業員数	
事業内容	
そのほか （　　　　）	
そのほか （　　　　）	

企業名	
資本金	
従業員数	
事業内容	
そのほか （　　　　）	
そのほか （　　　　）	

5

> **?** 気になる企業がたくさんあるのですが、とりあえずエントリーだけして、応募するかどうかはあとで考えてもいいのでしょうか。

　就職を希望している場合、就職活動全体のスケジュールを把握し、早めに準備を進めておくことが大切です。企業説明会の**申し込み**やエントリー、選考スケジュールなどは企業ごとに異なります。そのため、確認をしていないとすでに募集が終わっていたり、インターンシップに参加できなかったりすることがあります。また、希望している職種に必要な**資格取得**や、語学能力の向上なども急にできることではないので、早い**段階**から**計画的**に取り組みましょう。

【インターンシップ】

インターンシップとは、企業や仕事への理解を深めるために、実際に企業で働くという体験をすることです。夏休みや冬休みなどに実施されることが多く、期間も1日で終わるものから長期のものまでさまざまです。参加することで、インターンシップの経験を志望動機や自己PRに**つなげる**こともできますし、より**納得**する企業選びにつなげることもできます。企業によっては、インターンシップに参加するための選考が行われる場合もあるので、早めに確認しておきましょう。

就職活動の流れ

エントリー　**自分がその企業に興味があるということを伝える**

- 最初は幅広い（はばひろ）業界、企業にエントリーをし、説明会などを通して志望企業（しぼうきぎょう）をしぼっていく
- エントリーをすると、会社説明会の案内や採用に関する情報が送られてくる
- エントリーは一つの会社で一度だけ行う
  ➡就職サイトと企業サイトの両方（りょうほう）から申し込まない
- エントリーや説明会などの申し込みには期限があるので早めに確認しておく

応募　**自分が希望する企業へ応募する**

選考　**応募した企業の採用試験や面接を受ける**

①書類選考（しょるいせんこう）（エントリーシートや履歴書（りれきしょ）の提出）

②採用試験

- **面接**：グループ面接や個人面接、対面（たいめん）やオンラインなどさまざまな形式（けいしき）がある

  面接の回数も企業によって異なる

  ディスカッションやディベート、グループワークなどを取り入れている企業もある
- **試験**：基礎（きそ）学力や一般常識（いっぱんじょうしき）を問う（とう）試験、仕事をするうえでの適性検査（てきせいけんさ）などがある
- **小論文（しょうろんぶん）・作文**：指定されたテーマについて、自分の考えや意見を文章で述べる（のべる）

内定　**企業が応募者に対して、採用したいことを伝える**

- 最終選考終了（さいしゅうせんこうしゅうりょう）後、企業から採用予定通知や内々定（ないないてい）、内定（ないてい）などの連絡がある
- 連絡方法は、メールや電話、書面などさまざまだが、断る（ことわる）場合は早めに連絡をする（**内定辞退（ないていじたい）をする**）

5

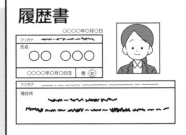

履歴書

? 面接試験で直接自分のことをアピールしたいので、履歴書にはあまり詳しく書かないほうがいいですか。

　企業は、たくさんの応募者の中から**効率よく**選考をするため、最初は書類だけを見て選びます（**書類選考**）。そのとき提出するのが、エントリーシート（ES）や履歴書です。最近は、企業に郵便で送るのではなく、インターネット上で提出したり、メールで送ったりします。

　エントリーシートや履歴書は、企業に対して最初に自分をアピールする機会ですので、とても重要です。書類選考に通って次の段階に進むためには、内容も大切ですが、誤字脱字がないか、提出期限を過ぎていないかなど、基本的なことができていなければなりません。 そのため 、応募書類を提出する前に、ほかの人にも確認してもらうとよいでしょう。

採用担当者になったつもりで考えましょう。

●どのような応募書類だったら合格にしますか。

・誤字脱字がない

●面接では、応募者のどのようなところを見て判断しますか。

・あいさつがきちんとできる

書き方のポイント

□ 伝えたいことを1つにする
＊たくさんのことを伝えたいと思ってもスペースには限りがあります。
一つのことを詳しく書いたほうが、魅力(みりょく)が伝わりやすく、どのような人物なのかがわかります

□ 具体的なエピソードをいれる
＊いつ、どこで、だれが、何を、なぜ、どのように、を意識(いしき)してエピソードを書くと、相手はイメージしやすく、話に説得力(せっとくりょく)があります

□ 簡潔(かんけつ)にわかりやすく書く
＊相手が読みやすいように、一つの文は短めに、わかりやすい言葉で伝えます。
一文が長くなると、結局(けっきょく)言いたいことが何かわからなくなることがあります

作成時のポイント

□ 手書きの場合は、黒のボールペンで書く（消せるペンやえんぴつは使わない）
□ 楷書(かいしょ)で、見やすい大きさで書く
□ 間違った場合は、修正ペンや修正テープは使わず、最初から書き直す
□ 提出する前にコピーをとっておく
➡どのような内容を書いたのか、あとで見直すことができる

【提出前のチェック項目】

□ 誤字脱字はないか
□ 余白(よはく)がたくさんないか
➡指定(してい)されている文字数やスペースの8割以上は記入する

□ 話し言葉を使っていないか
（例）「～じゃないかなと思います」

□ 記入し忘れているところはないか
➡日付、ふりがな、チェック欄などを確認する

□ 省略(しょうりゃく)した表現を使っていないか
（例）×バイト　→　○アルバイト

□ 文体(ぶんたい)が統一されているか
➡ですます調、である調のどちらかで統一する

5

各項目の書き方

- 手書きの場合は黒のボールペンで書く
- 間違った場合は、修正ペンやテープなどを使わず、もう一度新しく書きなおす

・メールの場合は送信する日
・郵送の場合は投函(とうかん)する日（送る日）
・直接渡す場合は渡す日を書く

2021 年 1 月 8 日現在

ふりがな	の ぐち もも こ	写真
氏　　名	野口　桃子	

・面接にふさわしい服装や髪型で撮る
・写真のサイズを確認する

生年月日	1999 年 3 月 13 日生　（満 21 歳）	男・女
ふりがな	ちばけん とうがねし	
現 住 所	〒000-0000 千葉県東金市○○ 1丁目3号　○○ハイツ103号室	
ふりがな		
連 絡 先	現住所に同じ	
電話番号	090-XXXX-YYYY	
E-MAIL	noguchi@xxx.xx.jp	

・都道府県名から書く
・アパート名や部屋番号も省略しない

年号(ねんごう)は指定の表記(ひょうき)で統一する
西暦(せいれき)（例：2021年）もしくは
和号(わごう)（例：令和3年）

学歴(がくれき)は基本的に中学校卒業から書く
学校名は省略せず、正式名称(しきめいしょう)を書く

西暦	月	学 歴 ・ 職 歴
		学歴
2015	3	茨城県立○○第一中学校 卒業
2015	4	茨城県立○○○○○○高等学校 入学
2018	3	茨城県立○○○○○○高等学校 卒業
2018	4	○○○○大学○○学部○○学科 入学
2019	9	アメリカ合衆国カリフォルニア大学○○○○○○校 留学
2020	8	帰国
2022	3	○○○○大学○○学部○○学科 卒業見込
		職歴
		なし
		以上

職歴(しょくれき)にアルバイトは含めない

174

志 望 動 機	・同じような業界の中で、なぜほかの企業ではなくこの企業なのか、あいまいな表現はさけ、具体的に書く ・入社後、どのように活躍して貢献できるかを伝えると、企業は採用後のイメージがしやすくなる
自 己 Ｐ Ｒ	・自分の強みや長所などをアピールし、どんな人なのかを理解してもらう ・その強みを裏づける、根拠となる体験や経験などを具体的に書く ・事実や結果だけを書くのではなく、そこまでのプロセスも含めて書くと自分らしさが出やすくなる
学 生 時 代 に 頑 張 っ た こ と	・何に取り組んだのか、事実だけでなく具体的なエピソードも書く ・結果よりも、結果までのプロセスでその人の個性を見るので、どう取り組んできたのか、問題解決のためにどのような行動を起こし、そこから何を学んだのか深めて伝える ・経験で得たことを入社後どう活かせるのかを伝えるとよい
課 外 活 動	・学内外問わず課外活動の経験があれば書く 　役職などの責任ある仕事を任されていた場合は、それについても書く 　（クラブ活動、サークル、ボランティア活動など） 　＊アルバイトは含めない
趣 味 ・ 特 技	・内容の制限はないが、面接でその場の雰囲気をなごますために、聞かれることもあるので、話しやすいものがよい

資 格 ・ 免 許	取得年月（西暦）		資格・免許・検定・賞など
	2013	5	全国書道○○連盟　毛筆の部　八段取得
	2019	7	グローバル人材ビジネス実務検定　1級合格
	2020	9	TOEIC　880点
	2021	3	○○○資格取得見込　・取得した年の順番に書く

特 記 事 項	・ほかの項目に書けないが、特別に伝えておきたいことを書く 　（転居予定であることや持病のこと、入社時期など）

175

6 面接

❓ 面接を受けに志望企業の本社に行くことになりました。事前に準備しておくことはありますか。

　面接は、応募者と企業とが直接**対話**をし、お互いの理解を深める場です。企業は、履歴書やESからではわからないことを応募者に確認します。 そして 応募者は、この企業で安心して働けるかなどを確認します。 そのため 、面接は選考**過程**においてとても重要です。

　 また 最初の選考で多いのが、**複数名**の応募者と一緒に面接を受ける**グループ面接**（**集団面接**）です。 そして 、選考が進むにつれ**個人面接**となっていきます。面接の形式はさまざまですので、どんな状況でも対応できるようにしっかりと準備をすることが大切です。面接は企業の人と直接会う場でもあるので、基本的なマナーは必ず身につけておきましょう。

いろいろな面接

【グループ活動】

短時間でその人の特徴を把握できるため、グループディスカッションやディベート、**課題解決**活動など、グループで行う選考を取り入れる企業が増えています。

> **面接官が見ているポイント**
>
> ☐ **積極性** → 進んで発言をしているか、自分から行動を起こせる人なのか
> ☐ **協調性** → ほかの人の話もしっかりと聞き、意見を取り入れようとしているか
> ☐ コミュニケーション能力 → 相手の表情や態度を読み取ることができているか
> ☐ **論理性** → 話を論理的に組み立て、根拠や理由をわかりやすく伝えることができているか
> ☐ **発想力** → **多様**な視点でものごとを考えることができているか

【WEB面接】

ネット環境さえ整っていればどこでも面接ができるため、応募者にとっても企業にとっても効率よく進めることができる選考方法の一つです。しかし、WEB面接は、ネット環境やIT機器などを使うので対面とは異なる準備が必要です。事前準備は面接の合否に関わってくることでもあるので、しっかりと準備をしましょう。

事前準備

- □ ネットワーク環境の確認（インターネットの接続状況や速さなど）
- □ 使用機器の設定
  - ➡ スマートフォンなど小さな機器を使う場合、必ず固定させる
    - ＊手に持ちながらだと、画面がゆれたりメモがとれなかったりして、面接に集中できない
  - ➡ 機器の高さは少し上にする
    - ＊低くすると面接官を上から見下ろしているように見えてしまい失礼なので、少し上に固定する
- □ 部屋の環境設定
  - ➡ 自宅で撮影をする場合は、特に映りこむ背景に注意する（白の壁紙など明るい色の背景がよい）
  - ➡ 照明を確認する（太陽光の当たり方や、照明を確認し、顔が暗くならないようにする）
- □ 当日、機器やネット環境のトラブルがあったときに担当者に連絡ができるよう連絡先を確認しておく
- □ 面接を受けているときの姿勢や、おじぎなども相手からはっきり見えていることを忘れない
- □ PCのキーボードをたたく音や、メールの通知音などは相手にもよく聞こえているので注意する
- □ インターネット回線や機器のトラブルがあったときはすぐに担当者に連絡するなど、落ちついて対応する

面接開始～終了まで

- □ 応募書類を手元に置き、メモがとれるように準備しておく
- □ 面接開始15分前には準備を終えて、時間に遅れないように入室する
- □ 自分の話していることが伝わっているか、相手の表情や態度を確認しながら、ゆっくり、はっきりと話す
- □ 服装 → 対面での面接と同じように身だしなみを整える
  - ＊下半身は見えないからといって、部屋着のままだったりせずきちんと整えるようにする
- □ 目線 → 画面の面接官を見るのではなく、カメラを見るようにする
- □ 表情 → 対面と比べて相手に雰囲気や感情が伝わりづらいので表情を豊かにする

5

面接試験の流れ

準備 当日あわてることがないように、事前にしっかりと準備をする

- 場所の確認
  ➡ 当日道に迷ったり、遅刻したりしないよう、どのくらい時間がかかるのか下見（したみ）をしておくとよい
- 持ち物（提出書類など）の確認
- 当日の緊急連絡先や時間などを再度確認する

受付 会社に入ったときから選考がはじまっていることを意識する

- 会場には遅くても15分前には到着できるよう、時間に余裕（よゆう）をもって行動する
- 受付であいさつをし、学校名と名前を言って、面接に来たことを伝える
  「おはようございます。わたくし本日10時からの面接で参りました、○○大学の○○と申します。採用担当の○○さまにお取り次ぎいただけますでしょうか」

待機 案内された場所で面接の順番を待つ

- 案内してくれた人にもきちんとお礼を言う
- ほかの応募者がいてもおしゃべりをせず、姿勢を正して待つ
  ➡ 携帯電話を見たり、本を読んだり、化粧直（けしょうなお）しなどをしない
- 携帯電話の電源を切り、面接に向けて身だしなみを確認する
- 名前を呼ばれたら「はい」と返事をする

面接 面接中の受け答えだけではなく、
入退室も含めてすべて評価されていることを忘れない

- ドアをノックし、「どうぞ」と言われてからドアを開け、「失礼いたします」と言い、一礼（いちれい）して入る
- 椅子（いす）の横（ドアから近い側）に立って、学校名、学部、名前を言って明るく元気にあいさつをする
  「○○大学○○学部の（フルネーム）と申します。本日はどうぞよろしくお願いいたします」
- 面接官から「どうぞおかけください」などと座るように言われたら「失礼します」と言って座る
- 聞かれていることだけに答える
- ほかの応募者が発言しているときもきちんと姿勢（しせい）を正（ただ）し、話を聞く
- 最後は、椅子の横に立ち「本日はありがとうございました」と言って一礼する
- ドアの前に立ち、面接官のほうにからだを向け、「失礼いたします」と言って一礼し部屋を出る
  ＊ドアを閉めるときは、最後までドアノブを持ち、静（しず）かに閉める

帰宅 どこで会社の人に見られているかわからないので、帰宅するまで気をぬかない

ポイント	面接官の指示

入室時のあいさつは、企業や面接官によって指示が異なります。以下のような場合もありますので、あわてずに対応しましょう。

【入室後の面接官の指示】

（例1）「荷物はそこの机において、椅子の前に立ってください。そして、大学名と名前を言ってください」

（例2）「椅子の横に立って、自己紹介をしてください」

（例3）「では、まずそれぞれ座って、一人ずつ立って自己紹介をお願いします」

大切なのは、すべて面接官の指示に従い、指示されていないことはしない、言わないということです。大学名と名前だけ言うように指示されているのに、志望動機まで言ったりするとマイナス評価になってしまいます。面接の時間は限られていますのでほかの応募者にも迷惑をかけないように気をつけましょう。

5

確認クイズ

1 正しいものには○、正しくないものには×をつけましょう。

① _____ 就職活動は自分が入りたい企業が決まってからはじめる。

② _____ 応募書類のスペースが少なく、伝えたいことが全部入らなかったので字を小さく書いた。

③ _____ 履歴書の右上に書く日にちは、履歴書を書きはじめた日にちである。

④ _____ アルバイトを4年間、週5日続けてきたので、「職歴」の欄に書いた。

⑤ _____ 引越しの予定があったので、履歴書の「特記事項」欄にそのことを書いた。

⑥ _____ 面接が13時からの場合、早めに到着すると失礼なので、会社の受付に13時に到着した。

⑦ _____ 面接でいすに座るときは、奥まで深く腰をかけて、背中を後ろにつけて姿勢を正す。

⑧ _____ WEB面接はリラックスして受けるため、ジーパンにTシャツで受けた。

⑨ _____ WEB面接では、自分らしさをアピールするため、自分の部屋全体がうつるようにした。

⑩ _____ 内定をもらったが、ほかの企業に決めたため、すぐに内定辞退の連絡をした。

2 次の問いに答えましょう。

① 履歴書の「学歴・職歴」欄を書いてみましょう。

西暦	月	学 歴 ・ 職 歴

② 「学生時代にがんばったこと」をまとめてみましょう。

求人情報のことば

求人情報にはさまざまなことばが出てきます。就職してから「こんなはずじゃなかった…」とならないように、意味を正しく理解しましょう。また、制度やルールは、法律で決められているものだけでなく、会社独自で決めているものもあるので、よく確認しましょう。

お金に関することば

給与：会社からもらえるすべてのお金

　　　＊給料（基本給）：残業代やさまざまな手当、賞与（ボーナス）などは含まれていない

賞与（ボーナス）：会社から臨時でもらえるお金

　　　　　　　＊会社が必ず払わなければならないものではないので、会社の業績によってはないこともある

インセンティブ：売上の目標を達成するなど、成果をあげた人がもらえるお金

残業代：法律で決められた［法定労働時間］を超えて働いたときにもらえるお金

働き方に関することば

標準労働時間：企業が決めた1日の労働時間のこと

フレックスタイム制：仕事にあわせて、自分で出勤・退勤時間を決めることができる制度

完全週休2日制：1週間の中で必ず2日休みがある（土日とは限らない）

　　　　　　　＊「週休2日制」：毎月1回以上、週2日の休みがある

交代勤務制（シフト制）：時間帯を分けて、働く人が交代で勤務すること

年次有給休暇：毎年一定の日数を休むことができ、その休み中も給料がもらえる

　　　　　　　＊日数は働いている年数などによって異なる

待遇や福利厚生に関することば

社会保険完備：入社すると、4つの保険（健康保険、厚生年金保険、雇用保険、労災保険）に入ることができる制度

健康保険：収入に応じて保険料を支払うことで、病気やけがをしたときなどに、お金の給付や手当を受けることができる社会保険制度の1つ

雇用保険：失業したときや育児休業中など、会社からもらえるお金が減ったときに必要な給付を受けられる（保険料の半分を会社が負担してくれる）

通勤手当：通勤にかかる費用を会社が全部、もしくは一部出すこと

住宅手当：社員の住宅にかかる費用を会社が補助すること

「事例から考える」の問題点

確認クイズ［設問 1］の答え

語彙リスト

「事例から考える」の問題点

事例から、以下の問題点に気づき、自分ならどうするのかを考えることが大切です。

P.20「メールしましたけど」

問題点1：連絡の方法

連絡は電話で行うのが基本です。仕方なくメールで連絡をする場合は、電話ができる状況になったら、改めて電話で連絡をしましょう。相手からの返答がなければ、伝えていないのと同じです。

問題点2：連絡する相手

連絡をする相手は、先輩ではなく自分が所属している部署の上司に連絡をしましょう。

問題点3：ぎりぎりの時間管理

万が一電車が遅れてしまっても間に合うように、時間に余裕を持って出社することが大切です。

P.30「はい、できます」

問題点1：言語表現による理解の違い

日本では、「できる」という言葉は、一般的に自信を持って完璧にできると思うときにしか使いません。「できます」と「わかります」、「知っています」は、それぞれ大きく意味が違うということです。

問題点2：確認不足

エクセルで表を作るということはお互いにわかっていることですが、何のための表なのか、どんな表を上司が求めていたのかまでは理解できていませんでした。認識のずれがあるという前提で確認を行うことが大切です。

P.40「報連相を心がけているのに…」

問題点1：相談のしかた

相談するときは、「この考えでいいですか？」と自分なりに考えた意見を伝えたり、「このような方法もありますが、いかがでしょうか」と考えられる選択肢をすべて提示したりして相談すると、相手もアドバイスがしやすくなります。

問題点2：報告のしかた

「一応～です」や「多分」、「おそらく」など不確定なことを報告しても、報告された側は不安になるだけで、的確なアドバイスができません。

P.54「自慢ではなく、自己PRです」

問題点：謙虚さが足りない

日本の社会では、謙虚さも重要ですので、自慢のように自分のことをたくさん話すということはあまりしません。特に、会社に入ったばかりのころは何もできないので、どのようなことをしてみたいのかであったり、これからの目標を伝えたり、また、これまでどんな経験をしてきたのかなどを話すといいでしょう。

確認クイズ［設問Ⅰ］の答え

第1章

P.21 ［UNIT1］	①◯	②×	③◯	④×	⑤×	⑥×	⑦◯	⑧×	⑨×	⑩×
P.31 ［UNIT2］	①×	②◯	③×	④×	⑤×	⑥◯	⑦×	⑧×	⑨×	⑩◯
P.41 ［UNIT3］	①◯	②×	③◯	④◯	⑤×	⑥×	⑦×	⑧×	⑨×	⑩◯
P.55 ［UNIT4］	①×	②×	③◯	④×	⑤×	⑥◯	⑦×	⑧×	⑨×	⑩×

第2章

P.64 ［UNIT1］	①◯	②◯	③×	④◯	⑤×	⑥◯	⑦◯	⑧×	⑨×	⑩×
P.69 ［UNIT2］	①×	②×	③×	④◯	⑤◯	⑥◯	⑦×	⑧◯	⑨◯	⑩×
P.74 ［UNIT3］	①◯	②×	③×	④×	⑤◯	⑥◯	⑦×	⑧×	⑨◯	⑩◯
P.83 ［UNIT4］	①×	②◯	③◯	④◯	⑤×	⑥×	⑦◯	⑧×	⑨×	⑩◯
P.88 ［UNIT5］	①◯	②×	③×	④×	⑤◯	⑥◯	⑦×	⑧◯	⑨×	⑩◯

第3章

P.94 ［UNIT1］	①×	②×	③×	④×	⑤◯	⑥×	⑦◯	⑧×	⑨◯	⑩×
P.105 ［UNIT2］	①×	②×	③◯	④◯	⑤×	⑥×	⑦×	⑧◯	⑨◯	⑩◯
P.112 ［UNIT3］	①◯	②×	③×	④×	⑤◯	⑥×	⑦◯	⑧◯	⑨◯	⑩×
P.118 ［UNIT4］	①◯	②×	③×	④×	⑤◯	⑥×	⑦×	⑧×	⑨◯	⑩◯

第4章

P.124 ［UNIT1］	①×	②◯	③×	④×	⑤◯	⑥×	⑦×	⑧◯	⑨◯	⑩◯
P.142 ［UNIT2］	①×	②×	③◯	④×	⑤◯	⑥×	⑦◯	⑧×	⑨×	⑩◯
P.150 ［UNIT3］	①×	②◯	③×	④×	⑤×	⑥◯	⑦◯	⑧×	⑨×	⑩×
P.156 ［UNIT4］	①×	②×	③◯	④×	⑤×	⑥×	⑦×	⑧◯	⑨×	⑩×

第5章

P.168 ［UNIT1/2］	①×	②×	③◯	④×	⑤×	⑥×	⑦◯	⑧◯	⑨×	⑩×
P.180 ［UNIT3］	①×	②×	③×	④×	⑤◯	⑥×	⑦×	⑧×	⑨×	⑩◯

語彙リスト

P.12 UNIT 1-1　学生と社会人との違い

立場	position	立场
異なる	differ	不同
いわゆる	so-called	所谓
貢献	contribution	贡献
利益	profit	利润
責任	responsibility	责任
管理	management	管理
評価	evaluation	评估
削減	reduction	削减
期限	deadline	期限
厳守	strict adherence	严格遵守
影響	impact / influence	影响
体調	physical condition	身体状况
意識	awareness	意识
経費	expenses	经费
迷惑	inconvenience	麻烦

P.14 UNIT 1-2　就業時間

就業	employment	就业
就労	work	从业
私用	private	私事
勝手な	unilateral	随心所欲的
外出する	to go out	外出
制服	uniform	制服
環境	environment	环境
整える	to arrange	整理
調整	adjustment	调整
消耗品	consumables	耗材
補充	replenishment	补充
共同	joint	共同
清掃	cleaning	打扫
スムーズ	smooth	顺利
休憩	break	休息
同僚	colleague	同事
退社する	to go home for the day	下班
効率	efficiency	效率
残業	overtime	加班
身の回り	one's surroundings	身边
黙る	to be quiet	沉默
スキル	skill	技能
限界	limit	极限
報告	report	报告
許可	permission	许可
支払う	to pay	支付
把握する	to know	掌握
協力する	to cooperate	合作
代案	alternative plan	替代方案
補佐	assistant	辅助
特化	specialized	专门化
全般	general	全盘
日常的	daily	日常的
現場	on-site	现场
監督	supervision	监督
担う	to bear (responsibility)	担负

P.18 UNIT 1-3　遅刻・早退・欠勤

遅刻	arriving late	迟到
早退	to leave early	早退
欠勤	absence	缺勤
人身事故	accident involving injury	伤亡事故
引き継ぐ	to take over	接手
不在	absent	不在
再度	one more time	再次
正直	honest	诚实
寝坊する	to oversleep	睡懒觉
交通機関	transportation	交通工具
トラブル	trouble	麻烦
遅延証明書	proof of delay	延误证明
事前	prior	事先
前もって	in advance	提前
業務	business	业务
具合が悪い	feeling unwell	身体欠佳

不安 (ふあん)	uncertainty	不安
研修 (けんしゅう)	training	培训
OJT	on-the-job training	在职培训
慣れる (なれる)	to become used to	习惯
台風 (たいふう)	typhoon	台风
営業 (えいぎょう)	sales	营业
原因 (げんいん)	cause	原因

印象 (いんしょう)	impression	印象
間 (ま)	pause	间隔
強弱 (きょうじゃく)	strength	强弱
効果的 (こうかてき)	effective	有效的
専門用語 (せんもんようご)	terminology	专业术语
流行語 (りゅうこうご)	buzzword	流行语
言葉遣い (ことばづかい)	wording	措辞
姿勢 (しせい)	posture	姿势
アイコンタクト	eye contact	眼神接触
あいづち	backchannel signals	附和
うなずく	to nod	点头
示す (しめす)	to show	表示
連続 (れんぞく)	continuous	连续
適当 (てきとう)	proper	合适
途切れる (とぎれる)	to be interrupted	中断
共感 (きょうかん)	empathy	同感
同意 (どうい)	consent	同意
繰り返す (くりかえす)	to repeat	反复
まねる	to mimic	模仿

指示 (しじ)	instructions	指示
仕方 (しかた)	method	做法
理解 (りかい)	understanding	理解
要点 (ようてん)	main point(s)	要点
復唱 (ふくしょう)	repeat	复述
締め切り (しめきり)	deadline	最后期限
費用 (ひよう)	costs	费用

依頼 (いらい)	request	请求
都合 (つごう)	convenience	情况
頼む (たのむ)	to ask / to request	恳求
提案する (ていあんする)	to propose	建议
詳細 (しょうさい)	details	详细
不明点 (ふめいてん)	unknown point	不明之处
信頼 (しんらい)	trust	信赖
あいまい	ambiguous	模棱两可
謝罪する (しゃざいする)	to apologize	道歉
期待 (きたい)	expectation	期待

取引先 (とりひきさき)	supplier	客户
クレーム	complaint	投诉
不十分 (ふじゅうぶん)	insufficient	不足
要望 (ようぼう)	request	要求
事実 (じじつ)	fact / truth	事实
対処する (たいしょする)	to handle	处理
言い訳 (いいわけ)	excuse	借口
具体的な (ぐたいてきな)	concrete	具体的
反省する (はんせいする)	to regret	反省
改善する (かいぜんする)	to improve	改进
度重なる (たびかさなる)	repeated	再三再四
誠に (まことに)	sincerely	真挚地
十分 (じゅうぶん)	sufficient	充足
周知徹底 (しゅうちてってい)	thorough dissemination	人尽皆知

P.30 **UNIT 2　事例から考える**

売り上げ	sales	销售额	計算式	formula	计算公式
表	table	表格	自動	automatic	自动
指摘する	to point out	指出	修正する	to amend / to correct	修正
訂正する	to correct	更正	結局	ultimately	结果

P.31 **UNIT 2　確認クイズ**

手土産	small gift	伴手礼	工場	factory / plant	工厂
企画	plan	计划	機械	machine	机器
部品	parts	零部件	故障する	to break down	故障
納品	delivery	交货	作業	work	工作

P.32 **UNIT 3-8　情報共有（報告・連絡・相談）**

達成	achievement	成就	結論	conclusion	结论
成果	outcome	成果	定期的	periodically	定期
情報共有	information sharing	信息共享	整理する	to organize	整理
いつの間にか	before you know it	不知不觉	発注	order	订货
途中	during	中途	指定する	to designate	指定
常に	always	总是	納期	delivery date	交货日期
経過報告	progress report	经过报告	間に合わない	can't make it in time	来不及
能力	ability	能力	提携する	to tie up	合作
判断	judgment	判断	工程	process	工序
徹底	thorough	彻底	後回しにする	to procrastinate	推迟
信用	trust	信用	正確	accurate	正确
円滑	smooth	顺利	簡潔	concise	简洁
認識	recognition	认知	応じる	to respond	回应
対する	concerning	对	対策	countermeasure	对策
関連部署	related department	相关部门	解決	resolution	解决

P.34 **UNIT 3-9　伝え方**

経験	experience	经验	取り入れる	to adapt（ideas）	采取
組み立て方	flow	组装方法	感覚	sense	感觉
工夫する	to devise a way	设法	否定	negative	否定
ジェスチャー	gesture	手势	肯定	positive	肯定
表情	facial expression	表情	心理的印象	psychological impression	心理印象
非言語	non-verbal	非语言	消毒	disinfection	消毒
時系列	chronology	时间序列	聞き手	listener	听者
接続詞	conjunction	连词	品質	quality	质量
比較	comparison	比较			

優先順位	priority	优先顺序	作業項目	work details	工作项目
直属	direct	直属	逆算する	to count backward	倒算
大切	important	重要	実行する	to execute	执行
抱える	to have (problems, debts)	担负	振り返り	looking back	回顾
臨機応変	adaptable	随机应变	活かす	to make use of	有效利用
活用	utilization	有效利用	重要度	importance	重要性
進捗	progress	进度	緊急度	urgency	紧迫性
明確	clear	明确	順番	order	次序

注意される	to be told by someone	注意	扱う	to handle	对待
目にする	to see	看见	盗まれる	to be stolen	被盗
顧客	client	顾客	危険性	risk	风险
個人情報	personal information	个人信息	送信元	sender	发件人
知りえない	inaccessible	不可能知道	感染	infection	感染
事業	business	事业	シュレッダー	shredder	碎纸机
新規	new	新的	社外	outside the company	公司外部
外部	external	外部	周囲	surroundings	周围
もれる	to leak	泄露	社員ID	employee ID	员工ID
損害	damage	损害	許可をとる	to receive permission	获得许可
義務	obligation	义务	特定する	to identify	特别指定
やり取り	exchange	意见交换			

支社	branch office	分公司	出向する	to relocate to	（临时）调往

整頓	tidy	收拾	不具合	defect	故障
向上する	to improve	提高	未然	beforehand	未然
無駄	waste	浪费			

上下関係	hierarchical relationship	上下级关系	豊富	abundant	丰富
敬語	honorifics	敬语	敬意	respect	敬意
日頃	every day	平时	関係性	relationship	关联性
良好	good	良好	役職	position	要职
人間関係	relationships	人际关系	素直	honest	坦率
築く	to build	构建	欠かさない	always	不间断
複雑	complicated	复杂	見習う	to watch and learn	学习
尊敬	respect	尊敬	同期	peer	同届
接する	contact	对待	あだ名	nickname	绰号
昇格	promotion	晋升	うわさ話	gossip	谣言

悪口を言う	to disparage	坏话	フォロー	follow	跟随
お互い	each other	彼此	見守る	to watch over	注视
高めあう	to encourage	互相提高	お手本	example	榜样
成長	growth	成长	人格	personality	人格
積極的な	assertive	积极的	言い方	manner of speaking	说法

P.46　UNIT 4-13　敬語

課長	section manager	科长	和語	Japanese	大和语
表す	to show	表示	漢語	Chinese origin words	汉语
はっきりと	clearly	清楚地	例外	exception	例外
直接的な	direct	直接的	定着する	to be commonly used	固定
不快な	discomfort	不愉快	付け加える	to add	附加
雰囲気	atmosphere	气氛	言いにくい	hard to say	难言
やわらかい	soft	柔软的	やわらげる	to soften	缓和
丁寧語	polite language	礼貌语	取り扱う	to handle	处理
尊敬語	honorifics	敬语	さしつかえる	inconvenience	妨碍
謙譲語	humble language	自谦语	採用する	to adopt	采纳
使いわける	to use properly	适当地使用	普段	normally	平时
おいとまする	to depart / to leave	告辞	過去形	past tense	过去式
拝聴する	to listen respectfully	恭听	領収書	receipt	收据
頂戴する	to receive	领受	変化	change	变化

P.50　UNIT 4-14　つき合い

つき合い	socializing	交际	幹事	organizer of gatherings	干事
飲みに誘われる	to be invited for a drink	被请出去喝一杯	日程	schedule	日程
部署	department / section	部门	下見をする	to inspect in advance	预先查看
忘年会	end-of-year party	年终聚会	アクセス	access	交通方式
社員旅行	company trip	公司旅行	配置	seat arrangement	布置
交流	exchange	交流	コース料理	full-course meal	套餐
機会	opportunity	机会	会費制	pay-your-own system	会费制
自由	freedom	自由	進行	host	进行
気を配る	to be attentive	留心	下座	seat closest to the door	末席
接待	business entertainment	接待	手配をする	to arrange	安排
高級な	luxurious	高级	無断	without notification	擅自
迎える	to welcome	迎接	文句	complaint	抱怨
見送り	to send off	送别	割り勘する	to split the bill	均摊

P.52　UNIT 4-15　ハラスメント

髪型	hairstyle	发型	法的責任	legal responsibility	法律责任
ほめる	to praise	称赞	負う	to bear	担负
傷つける	to hurt	伤害	外見	appearance	外表
わざと	intentionally	故意	口に出す	to be vocal about	说出
モチベーション	motivation	动机	言動	words and actions	言行
転職者	person who changes jobs	换工作的人	容姿	physical appearance	姿容

性差別的	sexist	性别歧视		更新する	to update	更新
なでる	to stroke	抚摸		検診	examination	诊察
優位	superior	优势		人種	race	种族
嫌がらせ	annoyance	骚扰		民族	ethnicity	民族
気に入らない	to dislike	不喜欢		国籍	nationality	国籍
怒鳴る	to yell	大声斥责		評価基準	evaluation criteria	评估标准
妊娠	pregnancy	怀孕		不当な	unfair	不当的
出産	childbirth	分娩		待遇	treatment / conditions	待遇
子育て	parenting	育儿		相談窓口	consultation counter	咨询窗口
契約	contract	合同				

P.54 UNIT 4 事例から考える

総合商社	general trading company	大型贸易公司		慣習	habit	习惯
歓迎会	welcome party	欢迎宴会		表彰	award	表彰
居酒屋	Japanese style restaurant and bar	居酒屋		自慢話	brag	吹牛

第2章

P.58 UNIT 1-1 身だしなみ

身だしなみ	personal appearance	仪容仪表		しわ	crease	褶皱
おしゃれ	fashionable	时髦		丈	length	长度
第一印象	first impression	第一印象		口臭	bad breath	口臭
個性	individuality	个性		体臭	body odor	体味
視点	perspective	视点		香水	perfume	香水
清潔感	cleanliness	看上去干净整洁		前髪	bangs	刘海
袖	sleeve	袖子		メイク	makeup	化妆
機能性	functionality	功能性		じゃま	disturbance	妨碍
そる	to shave	剃		ストッキング	stockings	丝袜
襟	collar	衣领		念のため	to make sure	为了慎重起见
袖口	cuff	袖口		予備	spare	预备

P.60 UNIT 1-2 あいさつの基本

第一歩	first step	第一步		はずす	to look away	移开
口角	corner of the mouth	嘴角		会議室	meeting room	会议室
目線	perspective	视线		応接室	reception room	接待室

P.62 UNIT 1-3 おじぎ

おじぎ	bow	鞠躬		敬礼	salute	敬礼
心がこもる	heartfelt	衷心		最敬礼	deep bow	最敬礼
心をこめる	wholeheartedly	全心全意		同時礼	simultaneous bow	同时礼
会釈	nod	点头		分離礼	speaking first and bowing	分离礼

やる気	eagerness	干劲	あごをひく	to keep your chin down	收下巴
かかと	heel	脚后跟	肩幅	shoulder width	肩宽
つま先	toes	脚尖	にぎる	to grip	握
胸をはる	to sit up	挺胸			

正面	front	正面	さし出す	to send	提出
受け取る	to receive	接收	そえる	to attach	添
位置	position	位置			

ノック	knock	敲	外開き	outward-opening	外开
ドアノブ	door knob	门把手	第二関節	second joint	第二关节
内開き	inward-opening	内开	タイミング	timing	时机

名刺	business card	名片	はさむ	to put between	夹
同時	simultaneous	同时	指がかかる	to cover (with your hands)	覆盖
ビジネスパーソン	business person	商务人士	つぶす	to crush	使破产
常識	common sense	常识	打ち合わせ	meeting	事先商量
マナー	manners	礼仪	商談	commercial negotiation	商务洽谈
身につく	to acquire	学会	特徴	feature	特征
左右する	to affect	影响	実践を重ねる	repeated practice	反复践行
名刺入れ	business card holder	名片夹	ファイリング	filing	整理归档
有効	valid	有效			

角	corner	角

席次	seat arrangement	座次	快適な	comfortable	舒适的
おもてなし	hospitality	款待	ひじかけ	armrest	扶手
上座	seat of honor	上座	議長	chairperson	议长
空間	space	空间	同行者	accompanying person	同行人员
もてなす	to host	款待	階数	number of floors	楼层数

アポイント	appointment	预约	通路	aisle	通道
面会	visit	会面	手すり	handrail	扶手
視界	in the corner of your eyes	视野	段差	step	高低差

茶托	green tea cup saucer	茶托	ふきん	dishcloth	抹布
ソーサー	saucer	托碟	一礼する	to bow	行个礼
コースター	coaster	杯垫	うったえる	to signal	呼吁
絵柄	pattern	图案	こぼす	to spill	洒
ひび	crack	裂缝	深刻な	serious	严重
おぼん	tray	托盘			

助手席	passenger seat	副驾驶座	早歩き	fast walking	快步走

自覚	self-awareness	自知	年少者	younger worker	青年人
ほこり	dust	灰尘	年長者	senior worker	老年人
充電する	to charge	充电			

確保する	to make a reservation	确保	目印	mark	标记
間隔	space	间隔	中断される	to be interrupted	中断
改札口	ticket gate	检票口	お手洗い	bathroom	洗手间

第3章

宛先	address	收件人	休業日	holiday	休息日
連絡手段	contact method	联系手段	受信する	to receive	接收
誤解	misunderstanding	误解	制限	limit	限制
送信先	recipient	邮件收件人	ウイルス	virus	病毒
対面	in person	面对面	セキュリティ	security	安全
お詫び	apology	道歉	送信者	sender	发件人
最低限	minimum	最低限度	宛名	addressee	收件人姓名
絵文字	emoji	图形文字	用件	matter	(应办的)事情
対応	handling	应对	促進	promotion	促进
添付	attachment	随附	省略する	to omit	省略
容量	capacity	容量	正式名称	official name	正式名称
誤字	typographical error	错字	出だし	start	开始
脱字	missing character	漏字	段落	paragraph	段落

緊急	emergency	紧急	再送する	to resend	重发
承諾	consent	同意	法人	corporation	法人
圧縮する	to compress	压缩	企画部	planning department	策划部
改行	new line	换行			

文書	document	文件	文面	text	文章内容
口頭	oral	口头	請求書	invoice	请款单
言い間違い	speech error	口误	注文書	purchase order	订货单
聞き間違い	listening error	听取	依頼書	request form	申请表
記録	record	记录	抗議状	protest letter	抗议信
社内	within the company	公司内部	礼状	thank-you letter	感谢函
対象	target	对象	招待状	invitation	邀请函
業務連絡	business contact	业务联系	紹介状	letter of introduction	介绍信
際	at that time / in case of	之时	礼儀正しい	polite	有礼貌的
提案書	proposal	提案书	結語	closing greetings	结束语
計画書	plan	计划书	別紙	appendix	附页
稟議書	request for approval document	会签文件	箇条書き	bullet-point form	分条写
報告書	report	报告书	形式	format	格式
指示書	instruction sheet	指示书	修正テープ	correction tape	修正带
通達	notification	通知	極秘	confidential	绝密
辞令	appointment	任免证书	部外秘	confidential within the department	对部门外部保密
頭語	salutation	开头语	社外秘	confidential within the company	对公司外部保密
時候	seasonal greeting	时令			

書式	form	格式	高配	obliged	关怀
詳しい	to be familiar with	详细	心配り	concern	关心
加える	to add	添加	末文	final paragraph	结尾语
公式	official	正式	何卒	humbly beg	请
社交	social	社交	発信日	send date	发送日
除く	except	除了	文書番号	document number	文件号码
個人的	personal	个人的	別記	addendum	附记
受信側	receiver	接收方	担当者	manager	负责人
敬称	honorific title	尊称	発信	sending	发送
店舗	store	店铺	配布する	to distribute	散发
協会	association	协会	副文	annexure	附件
清栄	health and prosperity	康泰	添付物	attachment	附件
繁栄	prosperity	繁荣	追加	addition	追加
愛顧	patronage	惠顾	同封する	to enclose	附在信内
ひいきにする	to patronize	关照	外線	outside line	外线
平素	always	平日			

書面	document / letter	书面	開催する	to hold (a conference, exhibition)	举办
展示会	exhibition	展览会	案内図	guide map	引导图

油断する	to be careless	疏忽大意	公共	public	公共
応対	handling	应对	操作する	to operate	操作
心がける	to keep in mind	留心	支給する	to supply	支付
席をはずす	to leave one's seat	离开座位	非通知	number-withheld phone call	匿名电话
通話	telephone call	通话			

取り次ぐ	to transfer a call	转接	呼び出し音	ringtone	来电铃声
保留	put on hold	等候接听	名乗る	give one's name	自报姓名
迅速	quick	迅速	次第	depending on	取决于

時間帯	time period	时间段	防ぐ	to prevent	防止

避ける	to avoid	避免

任せる	to entrust	委托	次回	next time	下次
役割	role	角色	機器	device	设备
議事録	meeting minutes	会议记录	備品	equipment	备品
趣旨	summary	宗旨	空調	air conditioning	空调
質疑応答	question and answer session	质疑答辩	録音	audio recording	录音
補足事項	supplementary information	补充事项	録画	video recording	录像

プレゼンテーション	presentation	演示	背筋を伸ばす	to straighten up one's back	背部
プレゼン	presentation	演示	豊か	expressive	丰富
客観的	objective	客观的	間をつなぐ	to connect	斡旋
導入	introduction	导入	テーマ	topic	主题
目次	table of contents	目录	トーン	tone	语调
論理的	logical	逻辑的	間をとる	to pause	停顿
予測	prediction	预测	スライド	slide	幻灯片
主張	assertion	主张	レイアウト	layout	布局
疑問	doubt / question	疑问	フォント	font	字体
深める	to deepen	加深	原稿	manuscript	原稿
満足感	satisfaction	满足感	薄い	light	薄的
構成	composition	构成	反射	reflection	反射
序論	introduction paragraph	序论	テーマカラー	color scheme	标志性颜色
本論	main text	本论	対照	contrast	对照
シンプル	simple	简单的	空白	blank space	空白
記載する	to write	描述			

入室する	to enter a room	进入室内	音声を録音する	to record	声音
最大	maximum	最大			

第4章

P.120　UNIT 1-1　異文化コミュニケーション

保つ	to keep	保持	依存	reliance	依赖
察する	to presume	推察	パーソナルスペース	personal space	私人空间
隠す	to hide	隐藏	距離感	sense of distance	距离感
データ入力	data entry	数据输入	空間	space	空间
手が回らない	too busy to	顾不过来	文化的背景	cultural background	文化背景
申し出る	to offer	提出			

P.122　UNIT 1-2　企業文化

朝礼	morning assembly	晨会	切り替える	to switch over / to change	转换
体操	physical exercise	体操	再認識する	to see sth in a new light	重新认识
大手	major company	大公司	理念	philosophy	理念
アパレル	apparel	服装	促す	to stimulate	促进
価値観	values	价值观	目標達成率	goal achievement rate	目标达成率
職種	occupation	职业的种类	図る	to work towards	谋求
向かう	to face towards	向着	全面的	overall	全面地
統一	unification	统一	サポート	support	支持
確立する	to establish	确立	習得する	to master	掌握
共通	common / mutual	共同	応用する	to apply / to put to pratical use	应用
組織	organization	组织	運営	management / administration	运营
独自	original	独有	管理職	management	管理层人员
特色	feature	特征			

P.126　UNIT 2-3　冠婚葬祭（冠）

冠婚葬祭	ceremonial occasion	冠婚葬祭	長寿	longevity	长寿
品物	goods	物品	名称	name	名称
節目	milestone	阶段	丈夫	durable	健壮
成人式	coming-of-age ceremony	成人仪式	入園	admission to kindergarten	入（幼儿）园
結婚記念日	wedding anniversary	结婚纪念日	入学	admission to school	入学
親せき	relative	亲戚	踏みだす	to forward	迈出
儀式	ritual	仪式	成人	adult	成人
簡略化	simplification	简化	仲間入り	to join a group	加入到一伙当中
祝いごと	celebration	喜事	新築	new construction	新建
負担	load	负担	応じて	depending on	根据
年祝い	age celebration	祝寿			

結婚式	wedding	婚礼	受付	reception	接待
招待	invitation	邀请	芳名帳	name book	芳名册
包む	to wrap	包	華やかさ	gorgeous	华丽
関する	related	关于	露出	exposure	露出
披露宴	wedding reception	喜筵	未婚	unmarried	未婚
至る	to reach	达到	振袖	long-sleeved kimono	振袖（袖长很长的和服，未婚女性的礼服）
しきたり	customs	风俗习惯			
ふるまい	behavior	举止			
新札	new bill	新纸币	既婚	married	已婚
お札	bill	纸币			
奇数	odd number	单数	色留袖	formal colored kimono	色留袖（以黑色以外颜色为底色只在腰带下方有花纹，主要为已婚女性的礼服）
偶数	even number	双数			
割り切れる	divisible	可整除			
封筒	envelope	信封			
紅白	red and white	红和白			
中袋	inner bag	（贺礼袋内装钱的）内袋	訪問着	formal kimono	访问服
ふくさ	silk wrapping cloth	小方绸巾	ベージュ	beige	米色
返送する	to return	送回	パール	pearl	珍珠
区切り	separation	段落	新郎新婦	bride and groom	新郎和新娘
縁起	sign of luck	兆头	目立つ	to send out	显眼
余白	blank space	余白	連想する	to associate (ideas)	联想
招く	to invite	邀请	喪服	mourning dress	丧服
やむを得ない	unavoidable	迫不得已	羽織り	stole	和服外褂
御芳名	name (honorifics)	芳名	毛皮	fur	毛皮
			祝電	congratulatory telegram	贺电
			ご祝儀	gift of money	贺礼

訃報	obituary	讣告	お悔やみ	condolences	吊丧
葬儀	funeral	葬礼	勧める	to recommend	推荐
墓参り	grave visit	扫墓	香典	gift brought to a funeral (usually money)	奠仪
故人	deceased	死者			
関連	connection	相关	金品	money and goods	钱物
宗教	religion	宗教	焼香	burning incense	烧香
宗派	religious sect	宗派	作法	manner	礼法
仏式	Buddhist style	佛教仪式	不祝儀袋	(special) envelope for condolences	奠仪袋
供花	flower offering	供花			
花輪	wreath	花圈	中包み	inner envelope	（奠仪袋内包钱的）内包纸
供物	offering	供品			
喪主	chief mourner	丧主	漢数字	Chinese numeral	汉字数字
続柄	relationship	亲缘关系	地味	simple / plain	朴素
弔問する	to pay a condolence visit	吊唁			

お年玉（としだま）	NewYear's present (usually money)	压岁钱
先祖（せんぞ）	ancestor	祖先
まつる	to pray	祭奠
年中行事（ねんちゅうぎょうじ）	annual event	每年定例的仪式
繁栄（はんえい）	prosperity	繁荣
代々（だいだい）	from generation to generation	世世代代
五穀豊穣（ごこくほうじょう）	abundant crop	五谷丰登
穀物（こくもつ）	grain	谷物
実る（みのる）	to ripen	成熟
新年（しんねん）	new year	新年
年始め（としはじめ）	first of the year	年初
元日（がんじつ）	New Year's Day	元日
元旦（がんたん）	New Year's morning	元旦
おせち料理（りょうり）	New Year dishes	年节菜
めでたい	celebratory	可贺的
重なる（かさなる）	to overlap	重叠
重箱（じゅうばこ）	layered box	多层方木盒
海老（えび）	shrimp	虾
ひげ	beard	胡须
茹でる（ゆでる）	to boil	水煮
象徴（しょうちょう）	symbol	象征
数の子（かずのこ）	herring roe	鲱鱼籽
ニシン	herring	鲱鱼
子孫繁栄（しそんはんえい）	many descendants	子孙满堂
大晦日（おおみそか）	New Year's Eve	除夕
仕事納め（しごとおさめ）	last day of work for the year	结束一年的工作
豆まき（まめまき）	bean throwing	撒豆
厄払い（やくばらい）	getting rid of bad luck	消灾
節句（せっく）	seasonal festival	传统节日
ひな人形（にんぎょう）	ornamental doll	女儿节人偶
ひな祭り（まつり）	Girl's festival	女儿节
端午（たんご）	Boy's Day	端午节
兜（かぶと）	helmet of a warrior	头盔
鯉のぼり（こいのぼり）	carp streamer	鲤鱼旗
七夕（たなばた）	Star Festival	七夕
伝説（でんせつ）	legend	传说
由来（ゆらい）	origin	起源
短冊（たんざく）	paper strip	长条纸
笹竹（ささたけ）	bamboo branch	小竹子

お中元（ちゅうげん）	summer gift	中元节礼物
お歳暮（せいぼ）	year-end gift	年终礼物
代表的（だいひょうてき）	typical	典型的
日持ち（ひもち）	shelf life	耐存
贈り先（おくりさき）	recipient	礼物接收者

知り合い（しりあい）	acquaintance	熟人
タブー	taboo	忌讳
刃物（はもの）	sharp item	刀具
縁（えん）	relationship	边缘
切り開く（きりひらく）	to open up	切开
陶器（とうき）	pottery	陶器
ガラス	glass	玻璃
火事（かじ）	fire	火灾
鉢植え（はちうえ）	potted plant	盆栽
根（ね）	root	根
寝つく（ねつく）	to be ill in bed	入睡
シクラメン	cyclamen	仙客来
菊（きく）	chrysanthemum	菊花
香り（かおり）	scent	香味
花粉（かふん）	pollen	花粉
傾向（けいこう）	tendency	趋势
リクエスト	request	要求
内祝い（うちいわい）	gift to close relatives or friends	回礼
わかち合う（わかちあう）	to share	分享
初節句（はつぜっく）	baby's first annual festival	出生后第一个传统节日
経済力（けいざいりょく）	economic power	经济实力

素足（すあし）	barefoot	赤脚

身につける	to learn	养成	足を組む	to cross one's legs	翘腿
食文化	food culture	饮食文化	ひじをつく	to rest one's elbow on the table	把胳膊肘支在桌子上
主食	staple food	主食	貧乏ゆすりをする	to twitch one's legs	抖腿
調理法	recipe	烹饪法	音を立てる	to make a sound	发出声音
食物	food	食物	食器	tableware	餐具
育む	to nurture	培育	かむ	to chew	嚼
同席	to sit with	同席	あせる	to rush	着急
和食	Japanese style meal	日本料理			

実践する	to practice	实践	食材	ingredients	食材
汁物	soup	汤菜	こぼれる	to spill	洒
手のひら	palm of the hand	手掌	割り箸	disposable chopsticks	一次性筷子
おさまる	to settle down	容纳	一貫	one piece	一个（寿司）
おしぼり	*oshibori*（wet towel）	湿巾	切り分ける	to cut up	分开
和食器	Japanese tableware	日本料理用餐具	一口	one bite	一口
重ねる	to stack	摞起来	ネタ	sushi topping	（寿司）主料
箸先	chopstick tip	筷子头	軍艦巻き	*gunkan* sushi	军舰卷
お椀	bowl	碗	背骨	spine	鱼脊骨
器	dish	容器	中骨	middle bone	鱼脊骨
ふた	lid	盖	懐紙	tea ceremony paper	随身携带的白纸
裏返す	to turn over	翻过来	しく	to spread out	铺
お盆	tray	托盘	ナプキン	napkin	餐巾
大皿	large dish	大盘子	口元	mouth	嘴角
小皿	small dish	小盘子	突き刺す	to pierce	插
とりわける	to share	分盛	箸置き	chopstick rest	筷架
盛り付け	arrangement	装盘	なめる	to lick	舔
手前	in front of	跟前			

酔っ払う	to get drunk	喝醉	泡立てる	to foam up	起泡沫
不調法	impolite	不周到	残り	remaining	剩余
たしなむ	to have a taste for / to enjoy	享受	杯	sake cup	杯子
ラベル	label	标签	受ける	to receive	接受
瓶	bottle	瓶子	謙虚	humility / humbleness	谦逊
つぐ	to pour	倒（酒）	しきる	to take the lead	主持
勢い	momentum	势头			

冷める	to get cold	变冷	円卓	round table	圆桌
ターンテーブル	turntable	餐桌转盘			

199

和紙	Japanese paper	日本纸	口紅	lipstick	口红
胸元	chest	胸口	コースター	coaster	杯垫
茶道	tea ceremony	茶道	食べ残し	leftovers	剩菜剩饭
受け皿	dish	茶托	取り皿	plate	分菜等用的小碟
種	seed	种子	揚げ物	fried food	油炸食物

個人宅	private home	私宅	済ませる	to finish	完成
生活空間	living space	居住空间	背中	back	背部
生活スタイル	lifestyle	生活方式	ななめ	diagonal	斜
予定を立てる	to make plans	制定计划	しゃがむ	to squat	蹲
早朝	early morning	清晨	靴先	shoe tips	鞋头
受け渡し	delivery	交接	端	end	边
玄関先	entrance hall	门口	座布団	floor cushion	坐垫
手土産	small gift	伴手礼	じろじろ	look around	盯着看
配慮する	to consider	照顾	時計回り	clockwise	顺时针
破れ	tear	破	処分	disposal	处理
滞在	stay	停留			

和室	Japanese-style room	日式房间	気遣い	caring	关顾
洋室	Western-style room	西式房间	正座	sit on a kneeling position	跪坐
案内	guidance	引导	風呂敷	wrapping cloth	包袱皮
動作	motion	动作	畳	tatami	榻榻米
タイト	tight	紧的	にじる	to move forward on your hands and knees	膝行
足をくずす	sit comfortably	从跪坐改变为放松的坐姿	へり	edge	边缘
ゆとり	relaxed	宽裕	家紋	family crest	家徽
床の間	alcove	凹间			

紙袋	paper bag	纸袋	ゆったり	comfortable	宽舒

第5章

就職先	employer	工作单位	強み	strengths	强项
就職活動	job hunting	求职	見つめなおす	to reconsider	重新审视
むいている	suitable for	适合	体験	experience	经验
合う	to match	适合	書きだす	to write out	写出
希望する	to hope	希望	項目	item	项目
志望動機	motivation	应聘动机	挫折	setback	挫折
自己PR	self-promotion	自我介绍	向きあう	to face	面对
自己分析	self-analysis	自我分析	長所	strong points	优点

短所	weak points	缺点		気づき	awareness	注意到
苦手	weakness	不擅长		他者	others	他人
想像	imagination	想像		浮かびあがる	to come to surface	浮出
キャリア	career	职业生涯		行動パターン	routine	行为模式
深ぼり	to dig into	深挖		ステップアップ	step up	提高
国際交流	international exchange	国际交流		照らしあわせる	to compare	对照
達成感	sense of accomplishment	成就感		乗り越える	to overcome	克服

P.164 UNIT 2-2　企業を知る

企業研究	corporate research	企业研究		医療	medical care	医疗
関心	interest	感兴趣		福祉	welfare	福利
明らかにする	to make clear	弄清		概要	overview	概要
業界	industry	行业		企業理念	corporate philosophy	企业理念
説得力	persuasiveness	说服力		社風	corporate culture	企业风气
しぼる	to narrow down	缩小范围		資本金	capital	资金
現状	current status	现状		動向	trend	动向
将来性	promising / future possibility	潜力		選考	selection	选拔
細かく	in details	细致地		福利厚生	employee benefits	福利保健
適している	suitable	适合				

P.166 UNIT 2-3　OB・OG訪問

和製英語	Japanese English	日式英语		日時	time and date	日期和时间
応募条件	application conditions	应聘条件		所属する	to belong to	隶属
反映する	to reflect	反映		問い合わせする	to inquire	询问
満足する	to satisfied	满意		添削	correction	批改
アポイント	appointment	预约		印刷する	to print	印刷

P.168 UNIT 2　確認クイズ

エントリーシート	application form	报名表

P.170 UNIT 3-4　就職活動

申し込み	application	申请		一般常識	common sense	一般常识
資格	qualification	资格		問う	to ask	问
取得	acquisition	取得		適性検査	aptitude test	适应性检查
段階	step	阶段		小論文	essay	小论文
計画的	planned	有计划地		内定	official job offer	内定
つなげる	to connect	关联		最終選考	final selection	最终选拔
納得する	to agree	认可		内々定	unofficial job offer	内内定
履歴書	résumé	简历		内定辞退をする	to decline a job offer	辞退内定
基礎	basics	基础				

アピール	appeal	展示
効率よく	efficiently	高效地
書類選考	document-based selection	书面选拔
魅力	strengths	魅力
文体	writing style	文体
投函する	to post	投函
年号	year	年号
表記	writing specifications	表面记载
西暦	Western year	阳历
和号	Japanese year	日本年号
学歴	educational background	学历

職歴	work history	工作经历
活躍する	to perform your job	活跃
裏づける	to support (a theory, claim etc)	印证
根拠	basis	根据
プロセス	process	过程
自分らしさ	individuality	自己的特色
課外活動	extracurricular activity	课外活动
なごます	to break the ice	使气氛和谐或者 使人平静下来
持病	pre-existing condition	老病

本社	headquarters	总公司
対話	interaction, conversation	对话
過程	process	过程
複数名	several people	多人
課題解決	problem solving	解决问题
積極性	assertiveness	积极性
協調性	cooperativeness	协调性
論理性	logic	逻辑性
発想力	imagination	想像力
多様	diverse	各种各样
IT機器	IT equipment	IT设备
合否	result	合格与否
接続状況	connection status	连接状态
固定する	to fix	固定

映りこむ	to reflect	映入
壁紙	wallpaper	墙纸
照明	illumination	照明
太陽光	sunlight	太阳光
回線	telephone line	线路
落ちつく	to calm down	沉着
手元	at hand	手里
下半身	lower body	下半身
部屋着	loungewear	家居服
化粧直しをする	to fix one's makeup	补妆
入退室	entering and leaving a room	进出室
一礼する	to bow	行个礼
気をぬく	to lose focus	松懈
従う	to follow, to obey	跟随

| 引越し | to move | 搬家 |
| 腰をかける | to sit dowm | 坐下 |

| リラックス | relaxed / relaxing | 放松 |

| 求人情報 | job information | 招聘信息 |

[著者紹介]

羽鳥　美有紀（はとり　みゆき）

元日本航空グランドスタッフ。社内接遇サービス教育担当を経験し、成田国際空港株式会社「CS Award 2011 Autumn」、「CS Award 2011 特別賞」受賞。中国東北大学の専任日本語講師を経て、現在城西国際大学助教。「日本のおもてなしマナー」、「ビジネスマナー」講師として、中国や日本で活躍中(エレガンスマナーインストラクター資格保有者)。「外国人留学生の人材育成における一考察ーホスピタリティ業界に従事する外国人社員の振り返りを通してー」『城西国際大学大学院紀要』(2020)、『おもてなしの日本語 心で伝える接遇コミュニケーション 基本編』アスク出版（2020）などを執筆。

これ一冊で仕事のすべてがわかる！

日本で働くための本 -就活生から社会人まで-

2021年11月25日初版　第1刷　発行
2024年 5 月 9 日初版　第2刷　発行

著者	羽鳥美有紀
翻訳	株式会社アミット
イラスト	たかはらゆか
DTP	株式会社明昌堂
印刷・製本	株式会社広済堂ネクスト
カバーデザイン	岡崎裕樹
発行人	天谷修身
発行	株式会社アスク
	〒162-8558　東京都新宿区下宮比町2－6
	電話 03-3267-6864　FAX 03-3267-6867

アンケートにご協力ください。
https://www.ask-books.com/support/